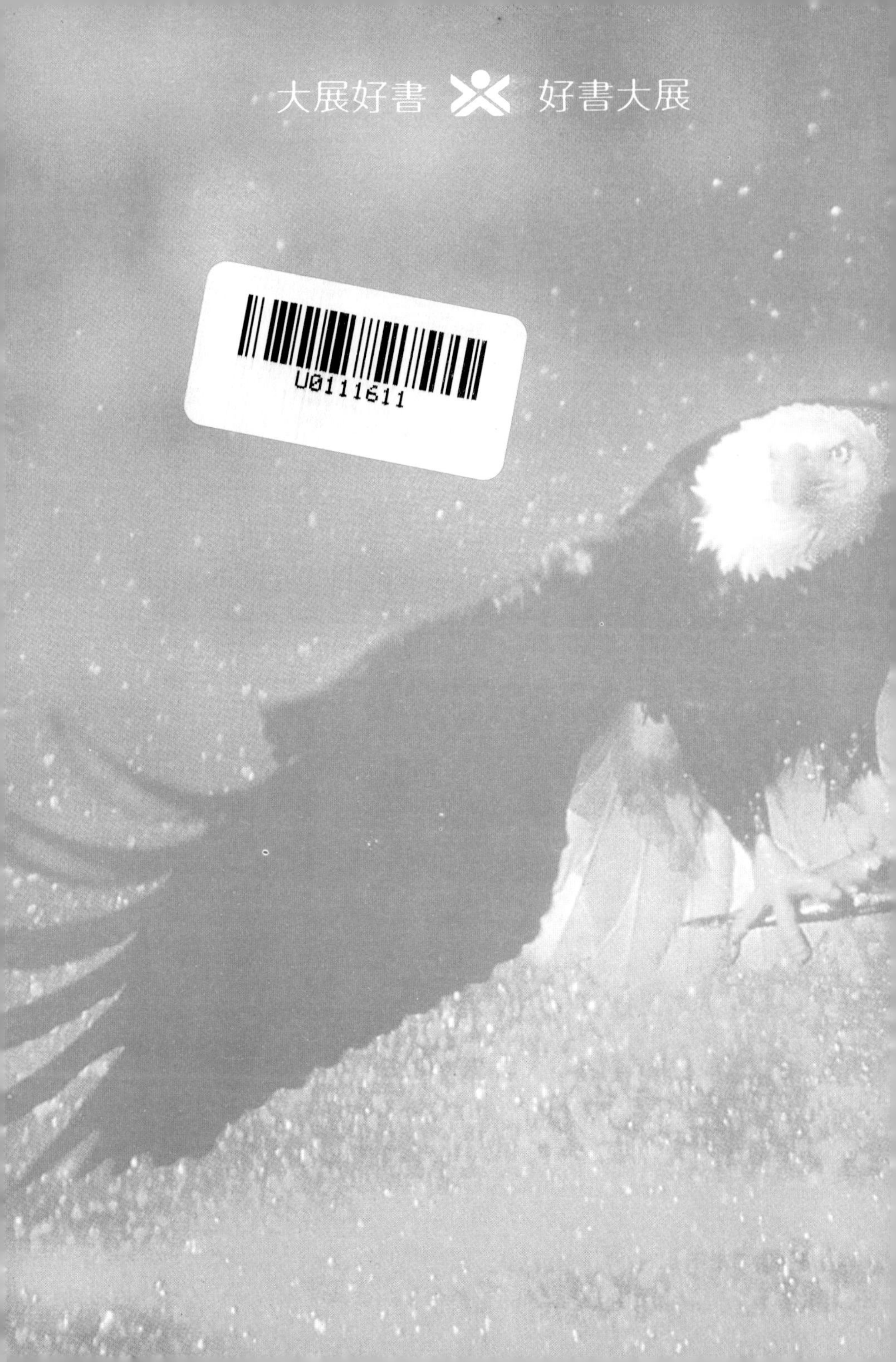
大展好書 好書大展

命理與預言 59

實用八字命學講義

姜威國／著

大展 出版社有限公司

自序

自唐李虛中以年月日時，以及五行盛衰消長來論斷祿命始，方與古代「推步」論命法有了釐清劃分的界線；再傳至五代徐子平大師，從氣化為立論，又以日為主之論斷原則，依五行之生剋為論斷依據。至此，命理學才真正地開創出一條新的里程碑，因此，後世之研習者，為推崇紀念徐子平大師的貢獻，故而將此套命學系統，稱其為「子平命學」。

本書原是我教授八字命學其中的講義之一，但基於實用的觀點（初入門者），因此，特將其中較具初級基礎的篇幅彙編整理，希望有助於各位初學者研習之用。

八字命學一向給人的感覺是枯燥、理論複雜且抽象，不易學亦不易精，因此，時下社會研習的風氣反不如其他命學（如紫微斗數命學）來的受歡迎且熱烈，再加上一些名師對於入門基礎的知識理論，又不屑於公開地撰寫，故導致一般有心的研習者，有不得其門而入之遺憾。

還好，筆者也算不上是什麼大師，或是名師，有的，只是一份教授的熱誠，所以，也不顧眾家大師名流的譏笑而整理撰寫此本八字命學基礎入門的理論。最大的期望就是能幫助初習者，將根基打好穩固，進而培養出對八字命學的研習與趣，如此，對於日後再深造時，即可輕輕鬆鬆地應付自如，且能依循漸次地探究八字命學之堂奧。

本書成稿要感謝為我整理、收集與校稿之門人：趙友林先生、單傑先生、林美珍小姐等，當然亦盼先進同儕們能不吝地予以指教與批評，最後祝大家身體健康、事業鴻圖大展。

一九九八年歲次丁丑雙十節日　姜威國

敬識於鳳山姜老師風水命理工作室

目錄

前言：八字命學概說

一、八字學源流概述

「八字命學」即「四柱八字命學」之簡稱，亦是古之「祿命學說」的延續。因此，可以這麼說：祿命學說實為八字學之前身。但是，其間之轉變過程卻是極具挑戰性的。

祿命之說據傳是出自於珞琭子（鬼谷子），生平不詳，一般均以「古之隱士」帶過。《星平會海》眉註云：「珞琭子，初為蘭台御史之職，而幼年有慕子平之理。」據此大概可推其為漢朝時人也。

然而，珞琭子的祿命理論是以人之年、月、日，作為論斷的基礎，與今日所謂的「八字」之說，尚有二字之差，故也僅能說是八字學的前身。

真正具有八字雛形出現的始創者，唐・李虛中也。《子平粹言》自序云：「迨唐李虛中，以年、月、日、時，五行盛衰生死論祿命。」另韓愈為其所作的墓誌銘

：「最深於五行之書，以人之年、月、日所值之辰，干支相生化、衰、死、絕而相斟酌，推人之壽夭、貴賤、吉凶、否泰，輒生年而知、百不失一。」亦可視為考證資料之一端。

既然，李虛中是首創四柱學之始祖，為何後世宗「四柱八字學」者，又何以僅有「子平命學」之稱，而沒有「虛中命學」之謂。這其中就牽涉到「改革」的問題了。

祿命之說雖經珞琭子、李虛中等之相傳延續，其中亦有三柱變為四柱的改革，遺憾的是，其理論重點仍是以年柱為「日主」，但自五代徐子平出，乃盡改革也。《子平粹言》自序云：「其論專從氣化立論，以日為主，摒棄神煞納音，而以五行生剋為論理根據，乃命理之一大轉變。」又劉玉《已瘧編》載云：「江湖談命者，有子平、有五星。相傳宋有徐子平者精於星學，後世術士宗之，故稱子平。」至於有關徐子平，《濯纓筆記》有云：「子平姓徐名居易，子平其字也；東海人，別號沙滌先生，又稱蓬萊叟；隱於太華西棠峰洞，以人所生年月日時推其祿命，無有不中。」由此即可知為何後世之人宗「子平」，而不宗「虛中」了吧！

以上僅是將八字命學的源流過程，大略地簡介敘述，當然能造就今日完整的八字學理論系統，其中亦靠著許多先賢前輩們之努力，方得以達成，如較為著名者有宋・徐升，明・劉基，清・陳之遴（號素庵），清・任鐵樵，清・徐樂吾，明・張楠，明・萬民英（字育吾），清・袁樹珊等。

二、八字命學理論概說

八字命學是屬於五術中之「命」科目，而五術理念的思想架構又是源自於《易經》，因此，八字的理念理論系統亦是衍自於《易經》，自是不容置疑地。《繫辭》曰：「一陰一陽之謂道。」這句話不但是闡透了整部《易經》的精髓處，而且亦是五術——山、醫、命、相、卜，各科理論（念）演繹的基礎。因此，祇要能悟透了陰陽間相互之道理，則五術、八字就必然能通了。

八字命學中最重要的符號即是：天干與地支。干支符號的設立，相傳是四千六百餘年前黃帝命大撓所創的。當時發明此符號的目的亦僅不過是用來記日子而已，但後來竟被陰陽家應用作為論命的工具，這豈又是原創者始料不及之事。

八字命學中除了用天干、地支分別代表著陽與陰之意象外，更細膩地觀察天候的變化，而加諸於論斷上之應用，例如所謂的「通關」、「病藥」、「扶抑」、「

調候」等取陰陽五行調和之用神。因此，對於八字命學要想學得透徹精微的話，有關之節令用事、陰陽調節功能的概念問題，是首要且必須去作深入的探討與研究。

或許有人會提出質疑：僅憑藉著八個字，即能解析了悟一個人終身之運途與際遇之如何？老實說，若非筆者亦曾下過苦功去作深研探究，大概也是排在「不相信」的行列中。

可是，儘管有此「臭屁」之言語，回首過去研習的路程，至今仍覺得驚悸猶存，畢業，八字命學它沒有紫微斗數那樣明顯且豐富的資料可循；它也不像星占術那樣地圖文並茂，且有模擬兩可的論斷結語，「僅憑著八個字」（或有用到十個字、十二個字），這就是筆者為什麼回首往昔如惡夢，而驚悸不已之原因了。

但請各位大可放心，筆者有關八字系列之著作中，不管是內容上，或是說明上，絕不會讓各位有重蹈筆者惡夢、驚悸的覆轍，輕輕鬆鬆、簡單明晰是筆者著書解惑一貫的原則與「伎倆」，因此，請各位就以看武俠小說的心情，慢慢地研習下去吧！

第一章　干支篇

「天干」其氣清純、為天、為陽。
「地支」其氣混濁、為地、為陰。

一、干支記日

遠古時代，由於民智混沌未開，再加上沒有文字可應用，生活上更是依日出而作、日沒即息來渡日，日復一日，毫無一點意義與依據可言。如此的歲月直迨黃帝命大撓創設以天干、地支作為記日的方法後，人們才開始有了時間的觀念。

天干——甲、乙、丙、丁、戊、己、庚、辛、壬、癸十個。

地支——子、丑、寅、卯、辰、巳、午、未、申、酉、戌、亥十二個。

天干與地支以陽配陽、陰配陰之法則，從甲子起，直排至癸亥止，共六十組，視為一個周期、一個循環，亦即為所稱「六十甲子」是也。茲將其按序排列如次：

甲子	乙丑	丙寅	丁卯	戊辰	己巳	庚午	辛未	壬申	癸酉
甲戌	乙亥	丙子	丁丑	戊寅	己卯	庚辰	辛巳	壬午	癸未
甲申	乙酉	丙戌	丁亥	戊子	己丑	庚寅	辛卯	壬辰	癸巳
甲午	乙未	丙申	丁酉	戊戌	己亥	庚子	辛丑	壬寅	癸卯
甲辰	乙巳	丙午	丁未	戊申	己酉	庚戌	辛亥	壬子	癸丑
甲寅	乙卯	丙辰	丁巳	戊午	己未	庚申	辛酉	壬戌	癸亥

有了以上記時間之方法後，我們即可依據其法來排列記載相關之時間資料。例如：民國八十六年五月二十五日戌時，其記法排列如下。

年柱：丁丑
月柱：丙午
日柱：壬寅
時柱：庚戌

二、干支之相關資料

除了上節所介紹的內容外，干支還有些什麼資訊是首先必須要瞭解的呢？

⑴　干支之屬性

什麼是「屬性」？以及為何要有「屬性」之分？簡單地說，「屬性」就是性別之意，如同人類有男性、女性；動物有雄性與雌性。之所以要有屬性之區分？其實這也是遵循《易經》陰陽氣數之原理，《繫辭傳》曰：「一陰一陽之謂道。」有了此「道」後，氣數的變化與氣運之流行即有了可依循推究的軌跡。

《易經》中爻象之表示：「⚊」之象，所以示陽之體與數，以及陽之性與德；「⚋」之象，所以示陰之體與數，以及陰之性與德。另有陽九、陰六；陽順、陰逆；陽奇、陰偶等說，均是在闡述「一陰一陽之謂道」的精義。

①天干：

甲、丙、戊、庚、壬屬陽。

乙、丁、己、辛、癸屬陰。

②地支：

子、寅、辰、午、申、戌屬陽。

丑、卯、巳、未、酉、亥屬陰。

（依排列序數，排奇數者為陽，排偶數者為陰。）

雖然上面已將天干與地支個別之屬性表示出來了，但問題亦相繼地出現了。如眾所共知的：天干，其氣清純、為天、為陽；地支，其氣重濁，為地、為陰。既然，天干為陽，為何其所屬之份子又有陰、陽之分？地支為陰，又為何其所屬之份子亦分有陰、陽之屬別？這種現象就好像我們在形容一個變態怪異不正常的人一般，不男不女、陰陽怪氣的。既是「不正常」，又怎能被列入《易經》陰陽氣數原理之規範，而視為自然現象的展現呢？

如果各位也產生了同樣的疑問，筆者在此先行恭禧你，因為對於《易經》理念的推演功夫，以及思考演譯的靈敏度，你已經完全地具備了，日後於五術各科目的研習，保證可以隨心所欲，且左右逢源輕鬆地一蹴即成；至於沒有發生疑問的讀者，也請不用灰心，當初筆者亦如各位一樣，只要肯努力，肯下功夫苦鑽研，日後的境界亦會不輸於前者。

關於上述的疑問，筆者僅就一例解釋，相信大家一定能夠恍然大悟，且瞭然領悟與體會。

①天干代表男人，男人的體內除了具有男性的荷爾蒙外，同時亦兼具有女性的荷爾蒙。只不過男性荷爾蒙較為強勢、顯性而已。

②地支代表女人，女人的體內除了具有女性的荷爾蒙外，同時亦兼具有男性的荷爾蒙。只不過女性荷爾蒙較為強勢、顯性而已。

(2) 干、支之方位、五行與節令劃分

為何要劃定天干與地支之方位？簡單地說，就是在劃分界定其「勢力範圍」。這個理念各位務必要謹記在心，因為，八字中五行強旺衰弱之界野，即以此概念作為界定之規範與準則，否則，若僅是以死板呆刻地理論去判定，保證一定會讓你弄個灰頭土臉，且產生心灰意冷「我不玩了」的悲慘下場。

再者，每個天干都有其各屬之五行；每個地支亦然。其理論的觀點亦是根據大自然現象而推演。《說卦傳》曰：「帝出乎震，齊乎巽，相見乎離，致役乎坤，說言乎兌，戰乎乾，勞乎坎，成言乎艮。」，亦即俗謂：「春耕、夏熟、秋收、冬藏。」之人事現象。至於節令配屬之理亦同上述之觀點而立論。

五術之所以被稱為「五皮」，以及能被廣泛地流傳至今，就是在於它所建立的理論，完全是與吾人息息相關，且經過長期親身的歷練與經驗體會而設立的。因此，要想精進五術的層次與境界，一定要循「由簡入繁」的路徑，千萬不要自己找麻煩而「由繁進入」。

綜合以上所述，筆者特將其整理並圖示如次：

一、天干：

(1)甲乙，東方，木。甲為陽木，乙為陰木。
(2)丙丁，南方，火。丙為陽火，丁為陰火。
(3)戊己，中央，土。戊為陽土，己為陰土。
(4)庚辛，西方，金。庚為陽金，辛為陰金。
(5)壬癸，北方，水。壬為陽水，癸為陰水。

二、地支：

(1)寅卯（辰），東方，木。寅為陽木，卯為陰木。
（辰是帶有木的餘氣）
(2)巳午（未），南方，火。巳為陰火，午為陽火。
（未是帶有火的餘氣）
(3)申酉（戌），西方，金。申為陽金，酉為陰金。
（戌是帶有金的餘氣）
(4)亥子（丑），北方，水。亥為陰水，子為陽水。
(5)（　）中之辰戌丑未，中央，土。辰戌為陽土，丑未為陰土。（一般稱此辰

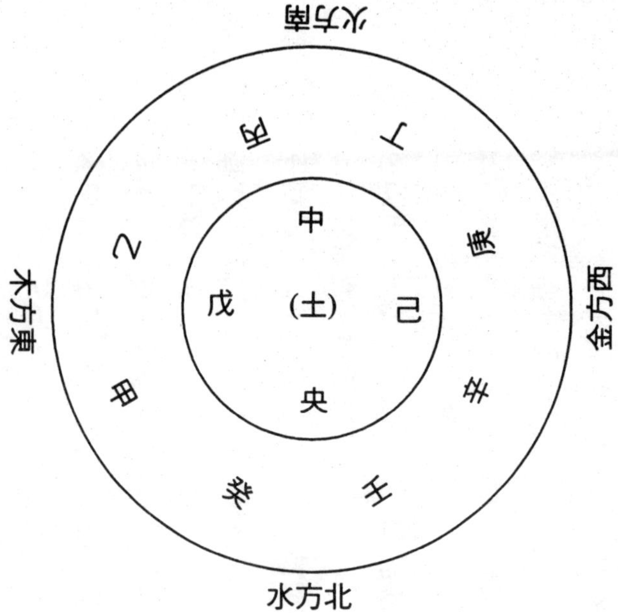
南方火
丙
丁
東方木
乙
中
戊
(土)
己
央
甲
庚
辛
西方金
癸
壬
水方北

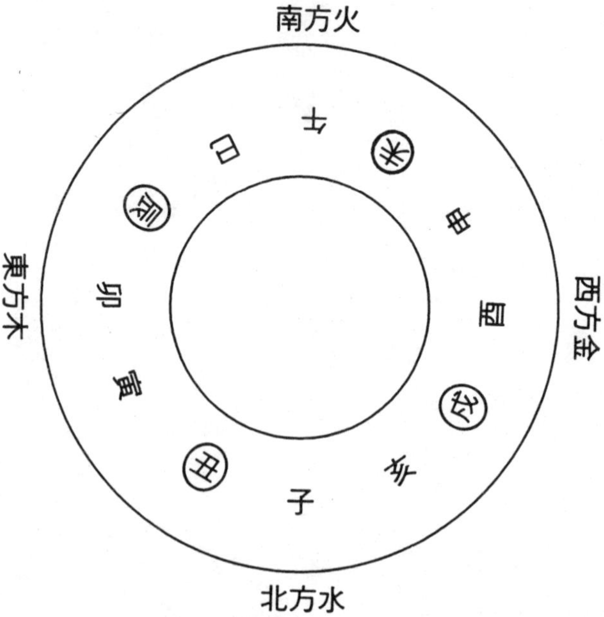
南方火
巳
午
未
辰
申
東方木
卯
酉
西方金
寅
戌
丑
子
亥
北方水

戌丑未為「四季土」。)

註：

⑴一般所謂之「冬至、夏至、春分、秋分」，是根據著地支子午卯酉等位，所受太陽照射之效應而分辨之。

⑵「餘氣」之意待後再予以解釋。

⑶干、支古籍名稱彙集便覽

由於天干、地支的符號是五術理論中最為重要，且最為不可或缺的表達骨幹，但基於古籍經典中，往往會因各人釋義或見解的不同，而造成同義異名之現象，有鑑於此，筆者特將昔日之隨手筆記彙集並整理如次，希望能減少各位讀者於查閱之不便。

一、天干部份：

天干	爾雅(年)	爾雅(月)	古記名	神將名
甲	閼逢	畢	焉逢	青龍
乙	旃蒙	橘	端蒙	六合

丙	柔兆	修	游兆	朱雀
丁	強圉	圉	疆梧	螣蛇
戊	箸雍	厲	徒維	天空
己	屠維	則	祝犁	太常
庚	上章	窒	高橫	白虎
辛	重光	塞	昭陽	太陰
壬	玄默	終	橫艾	天后
癸	昭陽	極	尚章	玄武

二、地支部份：

地支	月名		西洋	律呂	古名	古俗	建除	辟卦名	太歲名	星躔名	將神名
子	辜	葭	白羊	黃鐘	墨池	夜半	建	地雷復	困敦	玄枵	神后
丑	涂	臘	金牛	大呂	柳岸	雞鳴	除	地澤臨	赤奮若	星紀	大吉
寅	陬	端	雙子	太簇	廣谷	平旦	滿	地天泰	攝提格	析木	功曹
卯	如	花	巨蟹	夾鐘	瓊林	日出	平	雷天大壯	單閼	大火	太衝
辰	寎	桐	獅子	姑洗	草澤	食時	定	澤天夬	執余	壽星	天罡
巳	余	梅	處女	仲呂	大驛	隅中	執	乾為天	大荒落	鶉尾	太乙

午	皋	蒲	天秤	豨賓	烽堠	日中	破	天風姤	敦牂	鶉火	騰光
未	且	荔	天蠍	林鍾	花園	日昳	危	天山遯	協洽	鶉首	小吉
申	相	瓜	射手	夷則	名都	哺時	成	天地否	涒灘	實沈	傳送
酉	壯	桂	摩羯	南呂	寺鐘	日入	收	風地觀	作噩	大梁	從魁
戌	玄	菊	水瓶	無射	燒原	黃昏	開	山地剝	閹茂	降婁	河魁
亥	陽	陽	雙魚	應鐘	懸河	人定	閉	坤為地	大淵獻	娵訾	登明

（註：以上所載天干、地支之資料，僅是筆者手頭收集，當然，仍有許多未及備載，還尚請各位見諒。）

(4)天干、地支類象與釋義

①干、支字義之闡釋

(1)

甲者，坼也。言萬物剖符甲而出也。

乙，言萬物初生，曲孽而未伸也。

丙，言萬物炳然著見。
丁，言萬物壯實之形。故《邦國圖籍》曰：「成丁」。
戊，茂也，言萬物之茂盛也。
己，紀也。言萬物有形可記識也。
庚，堅強貌。言萬物收歛而有實也。
辛，言萬物盛而見制，故辛痛也。
壬，妊也。陰陽之交，言萬物懷妊至子而萌也。
癸者，冬時土既平，萬物可揆度也。

子，孳也；陽氣始萌，孳生於下也。
丑，紐也；寒氣自屈曲也。
寅，髕也；陽氣欲出，陽尚強而髕演於下。
卯者，冒也；萬物冒地而出。
辰，伸也；萬物舒伸而出。
巳，已也；陽氣畢佈已點。

未，味也；日中則昃，陽向幽也。
申，伸束以成。
酉，就也；萬物成熟。
戌，滅也；萬物滅盡。
亥，核也；萬物收藏、皆堅核也。

(2)

寅，演也。十二律呂中屬太簇。簇者，湊也；言萬物大湊地而出，為一月。氣生。少陽盛於卯。

卯，茂也。律呂屬夾鐘。夾者，孚甲也；言萬物孚甲，種類眾多，為二月。夾鐘衰於辰。

辰，震也。律呂屬姑洗。姑者，故也；洗者，鮮也。言萬物皆去其故而就新，莫不鮮明，為三月。其日為甲、乙。

甲，是萬物孚甲之意。

乙，是物蓄屈有節欲出。

此時為春。春者，偆動也。其位於東方，為木。又因萬物孚甲，故其顏色呈顯青色。五音屬角音，角者，氣動躍之意。故其在五帝之中屬太皞。皞者，為大起萬物之擾動。在五神中屬勾芒，勾者，乃萬物之始生，其精為青龍；芒者，萌也，萬物萌芽是也。

一月、二月、三月屬春天。春天是為陰中陽顯，故為少陽，而少陽過後是以太陽繼之。因此太陽始見於巳。

巳，是萬物必起之意。律呂中屬仲呂。仲侶者，是言陽氣極將彼故復中難之也。為四月，太陽盛壯於午。

午，是萬物滿長之意。律呂屬猤賓。猤者，下也；賓者，敬也。言陽氣上極，陰氣始敬之而退。時為五月，太陽衰於未。

未，是味之意。律呂屬林鐘。林者，眾也，言萬物成熟，種類眾多也。時為六月，其日為丙、丁。

丙，是物炳明之意。

丁，是強之意。此時為夏，夏者，大也。它的位置居南方，南方為火，故其顏色呈顯赤色的。五音中屬徵（音ㄓˇ），是為止之意。陽度到了極點，故五帝屬炎帝，炎帝者，太陽之意，最熱。五神中屬祝融，祝融者，是為火神也，其精為鳥離

（朱雀之別名）。

四月、五月、六月屬夏天。夏天為陽極之時期，故稱為太陽。太陽過後，陰氣已開始顯出，故少陰繼太陽而見於申。

申，是身之意。律呂中屬夷則，夷者，傷也；則者，法也。言萬物始傷被刑法，為七月，少陰盛於酉。

酉，是萬物收斂之意。律呂屬南呂，南者，任也。言陽氣尚有任生薺麥，故陰拒之也。為八月，少陰衰於戌。

戌，是滅之意。律呂屬無射，射者，終也。言萬物隨陽而終也，當復隨陰起無有終。為九月，其日為庚、辛。

庚，是物庚之意。

辛，是陰始成之意。此時為秋，秋者，愁亡是也。它的位置是屬於西方，西方屬金，故其顏色呈顯白色。五音屬商，商者，強也。五帝屬少皞，少皞者，是少斂之意。五神屬蓐收，蓐收者，即縮之意也；其精白虎，虎者，是謂博討之義也。

七月、八月、九月屬秋天。秋天已是陽中陰顯，故為少陰。少陰過後，繼之以太陰而見於亥。

亥，是抑之意。律呂屬應鐘。鐘者，動也。言萬物應陽而動，下藏也。為十月，太陰壯於子。

子，是孳之意。律呂屬黃鐘。黃者，中種之義；鐘者，動也。言陽氣動於黃泉之下，動養萬物。為十一月，太陰衰於丑。

丑，是紐之意。律呂中屬大呂，呂者，拒也。言陽氣欲出陰不許，強抑拒難之也。為十二月，其日為壬、癸。

壬，是陰始任之意。

癸，是揆度之意。此時為冬，冬者，終也。它的位置是居於北方，北方為水，故其顏色呈顯黑色。五音屬羽，羽者，舒也。言萬物始孳。五帝屬顓頊，顓者，寒縮之意。五神屬玄冥，玄冥者，入冥也，為水神，其精玄武。

十月、十一月、十二月屬冬天。冬天為陰極盛之時期，故稱為太陰。太陰過後，陽氣已開始復甦，故少陽繼太陰而見於寅。如此陽陰交替而形成四時，四時者，一年之謂也。

土為中宮，無月令應之。其日為戊、己。

戊，是茂之意。

己，是抑屈起之意。五音屬宮，宮者，中也。五帝屬黃帝，其神后土。

(3)《說十干配象》——摘錄自任綏卿著《命理索隱》——

◎甲木屬陽

主宰四時，生育萬物。在天為雷，為龍，在地為樑，為棟。謂之陽木，即剛木。埋於死水，千年不朽。出於生水，遇雨露則爛。得斧鋸以成器，得離火以文明。然金多則成腐，火多則化灰。在於春為木旺氣候，雷始發聲。在於秋木氣已凋，雷亦收聲。夏木猶榮，能引風生涼。冬木雖枯，亦畏蔽日光。

◎乙木屬陰

在天為風，謂之陰木，亦謂活木，即柔木。在山林乃青木，在田園乃桃李。喜潤土培根，利活水滋本。忌水泛濫，而失其培養；畏斧戕伐，而殘其生意。春季萌枝吐芽。夏來暢幹茂葉。秋令金旺，能從則吉。冬寒葉落，固根能復。

◎丙火屬陽

麗乎中天，普照六合。在天為日，為雷，在地為爐，為冶，謂之陽火，即剛火。太陽朝出夕入，陽火寅生酉死，喜乾木發生其焰，忌叢林掩蔽其光。金盛反被晦冥，土多能滅焰光。春日有暄和萬物之功，夏暑防炎蒸熱烈之患，秋陽能歸宿收歛之用，冬天忌陰霾晦冥之氣。

◎丁火屬陰

萬物精華，文明氣象。在天為列星，在地為燈火，謂之陰火，即柔火。入夜則明，日出則滅，尤喜戌亥時，蓋戌亥為天門，有星拱北辰之象。得其時，即頑金亦能鍛煉；失其時，雖寸鐵亦難鎔制。春木，如膠油添燈。夏火，乃烘爐加炭。秋氣清，而星光燦爛。冬天寒，而地火伏藏。

◎戊土屬陽

厚載萬物，散于四維。在天為霧，為霞，在地為山，為陸，謂之陽土，即剛土。借日照以顯霞光，愛四季以成隄岸。喜水相映，畏火過烈。金多洩弱母體，木盛崩潰本質。最喜癸干透天，乃雨後霞現成彩之象。又喜季月臨時，蓋根蒂深厚，能匯江河。

◎己土屬陰

滋生萬物，寄旺四時。在天為雲，在地為田疇，謂之陰土，即柔土。充和天地，綜揆宇宙。與甲相合，乃雲雷交作而降雨。坐酉臨澤，乃山川蒸氣而興雲。失令淺薄，難施鎡基，得時收功，培成稼穡。

◎庚金屬陽

掌天地肅殺之權，主人間兵革之變。在天為月，在地為鐵，謂之陽金，即剛金。喜爐冶鍛煉，鑄成鐘鼎。忌水土淹埋，沉溺無聲。若得乙巳風門，乃是月白風清。或遇壬子汪水，可稱海潮月弦。春木茂，如薄鐵反遭其缺。夏火炎，再逢火便壞其質。秋氣澄清，無火土愈顯光鋩。冬水氾濫，遭埋沒終歸無用。

◎辛金屬陰

出山成珠玉，出水成劍鋒。在天為霜，在地為金，謂之陰金，即柔金。中秋氣肅，殺戮萬物。白露凝霜，能摧木葉。出匣鋒鋩，可剷除荊蔓。遇丙則化，如太陽照霜，必溶為水，故辛亥透丙，而冬生者貴。逢乙則銳，始利刃斫木，愈顯其鋒，故辛卯辛未透乙，而冬生者富。

◎壬水屬陽

浩蕩汪洋，百川歸宗。在天為雨露，在地為池沼，謂之陽水，亦謂死水，即剛水。遇土作堤，而成江河。失土止流，必為洪漫。春露能滋生草木，秋露反摧殘百物。遇丁則星河顯象，南行則和暖為懷。

◎癸水屬陰

散諸四方，滋生萬物。在天為雨，在地為泉，謂之陰水，亦謂活水，即柔水。在土則濁，出土則清。生於春夏作甘霖，萬物賴之以生榮。生於秋冬為霪雨，道路因之而泥濘。喜卯辰為雷門、龍宮，遂成雲行雨施之徵。畏巳巳火旺土霸，恐是曇花一現之象。

(4)《說十二支配象》．任綏卿

◎子為坎，為水。正北方。建十一月，必大雪節後，方能成旺。會合申辰，即成江海，而發波濤。在時為夜中，前半時為上一日之終屬陰，後半時為下一日之始屬陽，故子乃陰陽互交之樞紐。水在夜，其色黑，故以「墨池」象之。

◎丑為二陽，為凝土，藏伏金水。位於北方、占東。建十二月，必小寒節後，土方凝結，然丑雖隆冬，其土轉暖，萬物始生。以土能止水，故以「柳岸」象之。

◎寅為艮，為山，位於東方，占北。建正月，必立春節後，方能氣聚三陽。木土長生於是，故以「廣谷」象之。

◎卯為震，為木。正東方。建二月，必驚蟄節後，方能發旺。會合亥未，即成叢林，而其色如琅玕之青，故以「瓊林」象之。

◎辰為龍宮，為溫泥，藏伏乙癸。位於東方，占南。建三月，必清明節後，發育萬物。水木所鍾，故以「草澤」象之。

◎巳為巽，為風，六陽之極。位於南方，占東。建四月，必立夏節後，火方增光。火土會聚，如人烟湊集，故以「大驛」象之。

◎午為離，為火。正南方。建五月，必芒種節後，方有炎氣。會合寅戌，即成火焰蒸烈，愈增光明。在時為日午，前半時為六陽之終屬陽，後半時為六陰之始屬陰，故午亦陰陽互交之樞紐。日中時候，其色赤黃，乃戎馬兵火之處，故以「烽堠」象之。

◎未為季夏，為暖土，藏伏木火。位於南方，占西。建六月，必小暑節氣，土方溫熱。暖土培木，護垣成林，故以「花園」象之。

◎申為坤，為地。位於西方，占南。建七月，必立秋節後，氣乃肅殺。金水土會集，政府設立之處，故以「名都」象之。

◎酉為兌，為澤。正西方。建八月，必白露節後，金色方白。會合巳丑，即成堅銳而生鋒鋩。酉近戌亥，戌亥為天門，酉居兩方，為梵寺境界；鐘為金屬，寺鐘敲則聲徹天門，故以「寺鐘」象之。

◎戌為九秋，為乾土，藏伏金火。位於西方，占北。建九月，必寒露節後，其土始乾、草木盡萎。田家焚燒而耕，故以「燒原」象之，即原野也。

◎亥為乾，為天，六陰之極。位於北方，占西。建十月，必立冬節後，其氣回和，所以十月稱小春。亥為天門屬水，故以「懸河」象之。

⑸ **其它：**

若是各位有耐心地將上述相關干、支的資料瀏覽一遍的話，相信一定會有所質疑？不過是才入門而已，為何收錄如此深入的內容。

有關這一點筆者在此做個說明。

天干與地支雖僅不過共二十二字，但於日後的應用上卻是千變萬化地。以上資料提供的真義，除了讓大家對干支所代表的意象多了解一些以外，最主要的目的是希望各位於往後的研習路途上，千萬不要以拘謹、呆板的態度來研習命理學，來分析四柱干支所能論斷之徵象。

至於前文內容中，所牽涉到一些如節氣、月建、五行陰陽變化之契機等理論，筆者均會一一地於後章節交待介紹清楚，當然，亦煩請各位讀者耐心地研讀下去，如此亦不負筆者一片的苦心安排。

另外，為便利各位日後之查閱，特將有關干支陰陽五行的資料整理並列表如后。

〈干支陰陽五行資料表〉

五行	木	火	土	金	水
天干	甲　乙	丙　丁	戊　己	庚　辛	壬　癸
地支	寅　卯	午　巳	辰　戌　丑　未	申　酉	子　亥
性屬	陽　陰	陽　陰	陽　陰	陽　陰	陽　陰
五德	仁	禮	信	義	智
五臟	肝	心	脾	肺	腎
六腑	膽	小腸	胃	大腸	膀胱
五色	青	赤	黃	白	黑
五音	角	徵	宮	商	羽
五神	蒼龍	朱雀	軒轅	白虎	玄武
方位	東	南	中央	西	北
四季	春	夏	四季	秋	冬
五星	歲星	熒惑	鎮星	太白	辰星
五味	酸	苦	甘	辛	鹹
五性	曲直	炎上	稼穡	從革	潤下
八卦	震　巽	離	艮　坤	乾　兌	坎
向量	四方	向上	左右	向內	向下

附錄：干支手掌訣

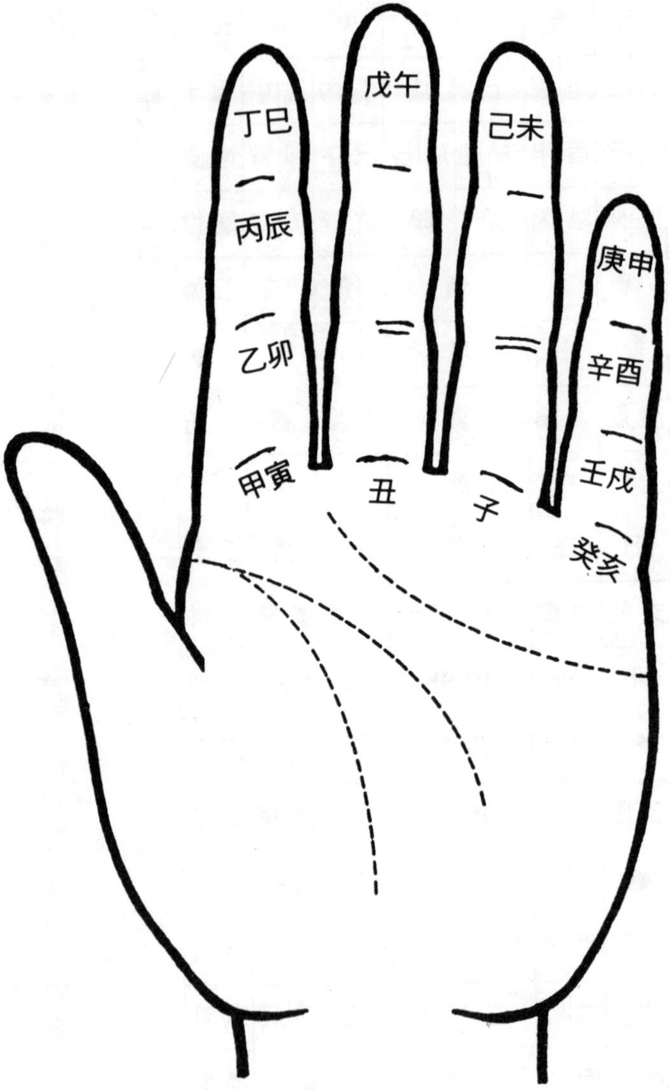

第二章　干支陰陽五行篇

○：表陽。
●：表陰。

一、太極負陰而抱陽。
二、陽中有陰，陰中有陽。
三、「兩不立則一不見，一不見則兩之用息。」
四、執兩而用中。
五、《繫辭傳》曰：「一陰一陽之謂道。」

一、陰陽之概念

所謂「太極生兩儀」。兩儀者，陰與陽也。陰、陽的理念其實是一體兩面的意象，就如同男人與女人，其本體均為人也。但是，若從另一個角度來看，「陰中有陽，陽中有陰」，則各自又自成一體也。因此，所謂的陰陽二分法，實是針對著「相對」的觀念而言，如大與小、遠與近……等等。

五術之各科目中，均有應用到「陰陽」的觀念來釋義其相關的理論，其因無它，主要五術本身即是一個集科學與哲學的綜合體，所謂「形而上者，謂之道；形而下者，謂之器。」是也。

可能有人會問：如果將陰陽拆開，各別來論。是否可以？當然可以，只是毫無意義與價值罷了。所謂的「孤陰不生，獨陽不長。」如此不具生生不息的自然氣數現象，論之又有何意義可言。因此，《易經》的開宗明義前二卦──乾（天、陽）卦和坤（地、陰）卦，就是最好的說明與例證了。

命理學中應用陰陽之理念，而來論斷人一生運途之吉凶，休咎與禍福，大抵其中求的不過是一中和與順暢而已。此關鍵即是八字命學中取用神之訣竅也。然而，此訣竅言之容易，知之很難，行之尤更難也。所以有習學過八字命學的人都知道，只要將取「用神」透徹且應用自如，就可列入箇中高手而無疑了。

當然，想要達到這個境界亦非不可能的事，所謂「鐵杵磨成繡花針」，只問功夫下的夠不夠與深不深罷了。

二、五行論

(1) 五行意義：

五行——金、木、水、火、土。

太極是事物的本體，陰陽是事物展示之現象，而五行即是事物間相互調理動態之樞機。五行本身即是一種具有方向與能量之意象，以現代物理言，曰「向量」。圖示如下：

木是向四方放射　火是向上延伸

土是左右穿梭　水是向下滲透

金是向內凝聚

其實，於我國的民間或是五術界，有關「五」字的應用，可說是處處可見。如東、南、西、北、中之「五」個方位；「五」倫：君臣、父子、夫婦、兄弟和朋友；「五」德：仁、義、禮、智、信；「五」色：青、紅、黃、白、黑等，均是採取此種理念而定義之。因此，我們也可以這麼說，「五行」只不過是一個用以代表事物間調理契機之代名詞而已，所以，它可演繹變化的範圍可是無窮無盡。

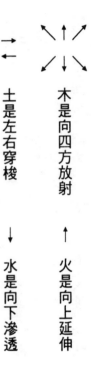

(2) 五行間之相關作用

五行之「行」字，就是一種變易、一種動態之意象。再基於物性有異，屬性有別之大前題，因此，即產生相吸或相斥的現象。言命理者，亦是根據著此相互間之關係，而作為判定論斷人命運之大原則。《三命通會》萬育吾著云：「五行者，往來乎天地之間而不窮者也，故謂之行。」

五行相生：木生火生土生金生水生木

五行相剋：木剋土剋水剋火剋金剋木

為了使各位便於記憶起見，茲將簡圖亦附示於次：

<五行相生相剋圖示>

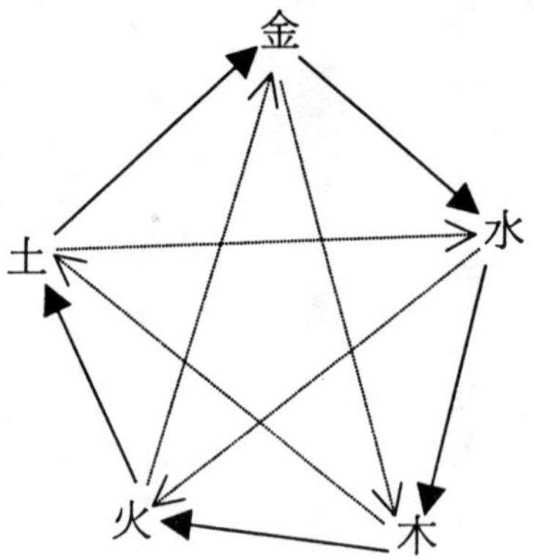

實線：代表相生

虛線：代表相剋

《白虎通義疏證》解析曰：「木生火者，木性溫暖伏其中，鑽灼而出，故生火；

火生土者，火熱故能焚木、木焚而成灰，灰即土也，故火生土；土生金者，金居石依山津潤而生，聚土成山，山必生石，故土生金；金生水者，少陰之氣，溫潤流澤，銷金亦為水，所以山雲而從潤，故金生水；水生木者，因水潤而能生木，故水生木。」又曰：「五行所以相害者，天地之性；眾勝寡，故水勝火也；精勝堅，故火勝金；剛勝柔，故金勝木；專勝散，故木勝土；實勝虛，故土勝水。」

五行之相生與相剋的理論，如果再依精進的層次來演繹推論，則有「剋即是生」，以及「生固是生」的意象衍生。何謂也？水繞花堤館主所著《命學新義》中有很詳細且精闢之觀點論調，其云：

「克即是生。火克金，使金成器也。金克木，使木成材也。木克土，所以疏土之氣也。土克水，所以使其不氾濫滔濕也。水克火，所以使火不致自焚也。

生固是生，克亦是生。五行相互關係，惟有生與克。命理寶造端乎五行，故曰：『命理以生為本。』」。

由以上所立論的觀點可知，「生」是為一種庇蔭，本體的意象，因為任何的一種生命體，無生的話，其它都不用談，至於剋者，雖是一種控制，但卻也是一種「玉不琢，不成器」的苦心經營。

三、天干之合剋關係

由於天干與地支都有其各自的陰陽屬性，以及所屬之五行（可參考前述），因此，先賢們即應用其相互間性情的調理變化關係，而演繹出彼此其中之沖剋和合的理論與情形。但請各位要謹記一件事，那就是「理論終歸是理論，還非要符合實際的自然現象，方可稱為『定則』、『定論』」。畢竟「干支之沖剋和合」，充其量不過是自然氣數間陰陽之消長現象而已，如俗謂的「陽盛則陰衰、陰盛則陽衰」即是例證。

茲將相關之資料列述於次：

(1) 天干五合

甲己合，化土。
乙庚合，化金。
丙辛合，化水。

丁壬合，化木。

戊癸合，化火。（須背誦）

天干「五合」是因每隔五位而相合，故謂之。其理論之推演是依變體、正體之河圖而演繹。茲將其解析如下：

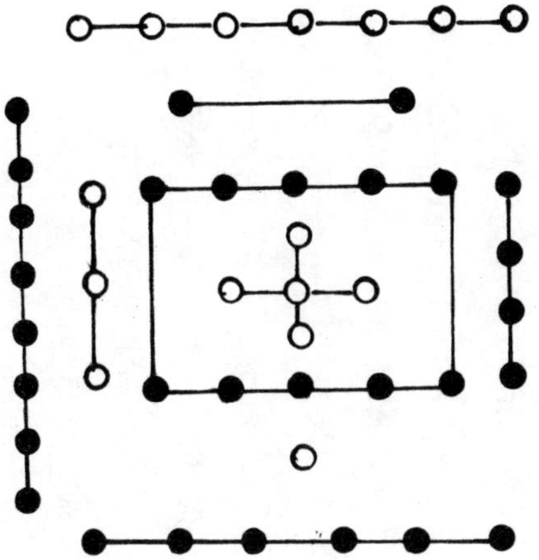

正體河圖

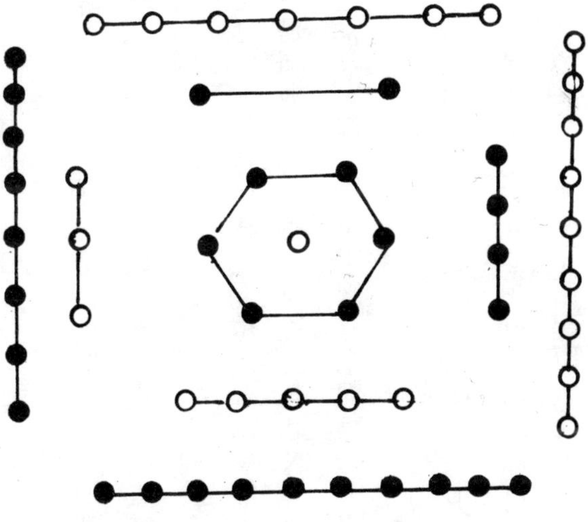

變體河圖

十天干與十個數字之間要如何地來推演，《易龍圖・變體河圖》宋、陳圖南著云：「河圖之數有五十五，上二十五為天數，下三十為地數。在上之天數去其一不用，而剩二十四，在下之地數去其六不用亦剩二十四。以一歲三百六十周於二十四節氣也。所以陰陽進退皆用二十四。此之因乃河圖中的水土易位，一六易位，五十居中宮；而五十居一六之位，因為水土本是同根，天地與人身其初本是水，乃漸凝為土，故一六之北方水變為五十之中央土。如此易位之結果，南北相對有二十四數，東西相對也是二十四數。」

又云：「天干合化是以本干起地支子，至第五位辰所泊之干數從而合化之。例如甲己起甲子，順數到辰得戊辰，戊為土，故甲與己合化土。同理乙庚起丙子得庚辰，故乙庚合化金；丙辛起戊子，得壬辰，故相合化水；丁壬起庚子得甲辰，故相合化木；戊癸起壬子得丙辰，故相合化火。何以從辰之干而化？這是因為辰之十二生肖屬龍，龍是善變化的，故而從之。」

此說固然有理，但若依前之正，變體河圖而釋義，則更為清楚易懂。

如江永曰：「甲一己六居中，得中央五十之土氣，故甲己化土。戊五葵十居北，得北方一六合七之火氣，故戊癸化火。丙三辛八居東，得東方三八合十一之水氣，故丙辛化水。丁四壬九居西，得西方四九合十三之木氣，故丁壬化木。乙二庚七居南，得南方二七合九之金氣，故乙庚化金。由此可知河圖有變之數，而十天干合化從之。」

另《滴天髓》任鐵樵註云：「十干合則化，化必得五土而後成，五土者辰也。辰居春，春在三陽，生物之體，氣闢而動，動則變，變則化矣。且十干之合，至五辰之位，則化氣之元神發露，故甲己起甲子，至五位逢戊辰而化土；乙庚起丙子，至五位逢庚辰而化金；丙辛起戊子，至五位逢壬辰而化水；丁壬起庚子，至五位逢甲辰而化木；戊癸起壬子，至五位逢丙辰而化火。此相合相化之真源，近世得傳者少，只知道逢龍而化，不知道逢五而化。」

綜合前面所述，天干合而「化」，是屬於一種化學的變化，這一點希望各位讀者要特別的注意。若是以夫婦相合生子來說明，那就更為貼切且明白了。

⑵天干相剋

陽干剋：甲剋戊剋壬剋丙剋庚剋甲。

陰干剋：乙剋己剋癸剋丁剋辛剋乙。

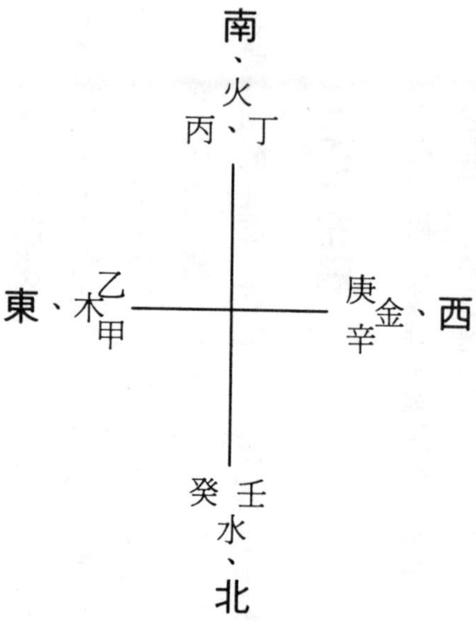

天干相剋的理論有二：一為陰陽之自然氣數現象相剋，一為方位的相對關係。前者是屬「剋」之效應；後者是因「沖」之對立影響。但實際之意義都是相同的。

①陰陽氣數關係：如丙剋庚、丁剋辛之類。

②方位相對關係：如甲庚、乙辛、丙壬、丁癸之類。

至於「土」，由於其位居中，故無相對互沖之效應，而理論中之「木剋土」或「土剋水」，那不過是採擷自然現象而演繹出的原則條文，否則樹木不生在土裡，你叫它要生在何處？

所謂「異性相吸，同性互斥」的理論，用於「氣」較為清純的天干，實是再恰當不過了。

「異性相吸」——一陰一陽之天干「五合」效應。

「同性互斥」——陰對陰，陽對陽之天干「相剋」效應。

《命理約言》陳素庵著云：「天干甲庚相沖，乙辛相沖，壬丙相沖，癸丁相沖，蓋東與西，南與北相對也。丙庚、丁辛相見以剋論，不以沖論，蓋南與西不相對也。戊己無沖，蓋中無對也。以恆理論之，庚辛能沖甲乙，壬癸能沖丙丁；然甲乙得時得勢，亦能沖庚辛，丙丁得時得勢，亦能沖壬癸，法當參看地支。如甲坐寅、庚坐申，是為上下俱沖，其戰更急；或甲坐申、庚坐寅，是為交互相沖，其爭不休；倘甲庚俱坐申，則甲沖倒矣；即不坐而柱中有寅申，亦為助沖，但較緩耳；餘俱倣此。

凡所喜之神畏沖，所忌之神欲沖。又有私和之法，如甲庚沖而得壬是也。有制沖之法，如甲庚沖而得丙是也。總之，止是天干相沖，易和易制，更有地支黨助，則和與制俱費舒配矣。」（地支理論，待后再敘）。

四、地支之合、沖、害、刑

八字學中之「三才」即天干為「天」，地支為「地」，以及支藏干為「人」（待後述），且地支又為自然氣數中之「陰氣數」，其本身亦有陰陽屬性之分，故相互間亦會產生沖剋合和之關係。然而，由於地支的氣較濁且重，所以，本節所介紹的僅是一些基本的原則而已，至於較深較複雜的部份，待日後有緣筆者將於〈精進篇〉再予以介紹闡述。

雖言如此，但亦盼望各位讀友於此基礎部份之概念定要瞭解體會，所謂「萬丈高樓從地起」，否則，損失買書的錢事小，但無緣一窺八字命學殿堂之奧秘，那才是平生的一大憾事。

⑴地支六沖

地支六沖者：

子午相沖　丑未相沖　寅申相沖

卯酉相沖　辰戌相沖　巳亥相沖

如圖示：

地支六沖的理論亦如同天干「同性相斥」，以及「方位相對」之原理推演而來。例如子午相沖是為陽對陽，以及南與北之相沖；丑未相沖是為陰對陰，以及方

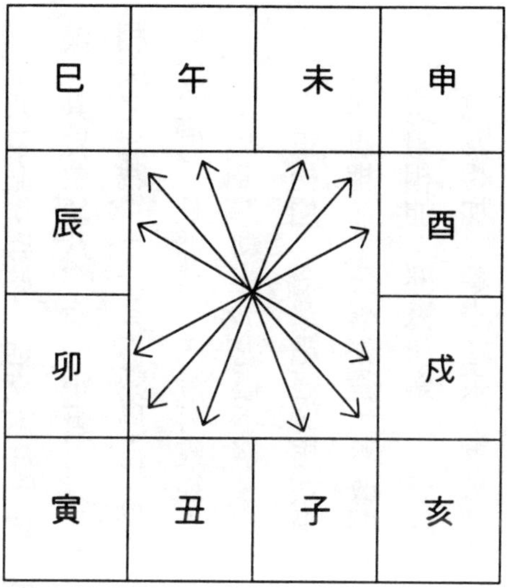

位相敵。其餘均可倣此類推。

地支「取七位相衝（沖）」，古籍《三命通會》有云：「地支取七位為衝，猶天干取七位為殺之義。如子午相衝，子至午七數，甲逢庚為殺，甲至庚為七殺，數中六則合，七則為過，故相衝為殺也。觀易坤元用六，其數有六無七，七乃天地之窮數，陰陽之極氣也。」

另《星平會海》亦有解釋云：「子午相衝者，子藏癸水，剋午藏丁火；午藏己土，剋子藏癸水也。丑未相衝者，丑藏辛金，剋未藏乙木；未藏丁火，己土，剋丑藏辛金，癸水也。寅申相衝者，寅藏甲木，剋申藏戊土；申藏庚金、壬水，剋寅藏甲木、丙火也。卯酉相衝者，酉藏辛金，剋卯藏乙木。辰戌相衝者，辰藏癸水，剋戌藏丁火；戌藏辛金，剋辰藏乙木也。巳亥相衝者，巳藏庚金，剋亥藏甲木；亥藏壬水，剋巳藏丙火也。」

儘管天干與地支之原理是同一理念推演，但其所展現的結果卻是大不相同。天干氣清純，干剋之雙方只會出現一方強悍、凶猛；另一方則僅為忍讓、退步的情形；地支的相沖，由於支藏干之複雜關係，所以，一旦雙方起對峙，其結果必然是一傷重、一傷輕的局面，而且傷重者，必屬陽方，傷輕者，則為陰方。

但是，對於辰戌丑未土之相沖而言，就沒有那麼地僥倖了，其結局只有兩敗俱傷之途。因為同是土之故。

八字命學對於「地支六沖」理論的應用範圍甚廣，如果再配上「支藏干」之理論，其地位於八字命學中直可說是舉足輕重了。另摘錄《秘藏大六壬大全善本》中相關之記載：「沖者，動也，格也。其法以十二支環列，陰陽各相對，為沖，即『返吟』之例，凡沖日，主身有攸往；沖辰，主宅有動移。

凡沖，主動移，返復不寧。

子午相加：道路馳逐，男女爭交，謀為變遷，舉動差失。

卯酉相加：分異失脫，更改門戶，乘陰臨合，淫佚奸私。

寅申相加：邪鬼作祟，夫妻異心。

巳亥相加：順去逆來，重求輕得。

丑未相加：弟兄兩意，謀望無成。
長戌相加：悲喜不明，奴僕逃走。
凡歲月日干支，皆不宜沖，沖歲，歲中不足；沖月、月中不足。
凡吉神不宜沖，沖則不吉；凶神宜沖，沖則不凶。」
雖然，地支六沖之靈動力這麼大，但八字中若出現有方（三會方）、局（三合局）、六合等，就無法成立了。謹記！

(2)地支三會方

地支三會方：
寅卯辰會為東方木　巳午未會為南方火
申酉戌會為西方金　亥子丑會為北方水
三會方的理論是基於方位相同而會局，其氣偏執一方，故必得三字全方可成局。
再者，由於季節之劃分，亦屬偏執一方氣之現象，因此，三會方所展現之靈動效應自然地就與季節之始盛衰，而產生密切的關係。例如春天是為少陽之氣，其始於寅，而盛於卯，終衰於辰，其位東方，故寅卯辰三會於東方，為木。餘可倣此類推。至於四季之辰、戌、丑、未四者，則會合為中央土。

(3)地支三合局

地支三合局：

申子辰合水局　亥卯未合木局

寅午戌合火局　巳酉丑合金局

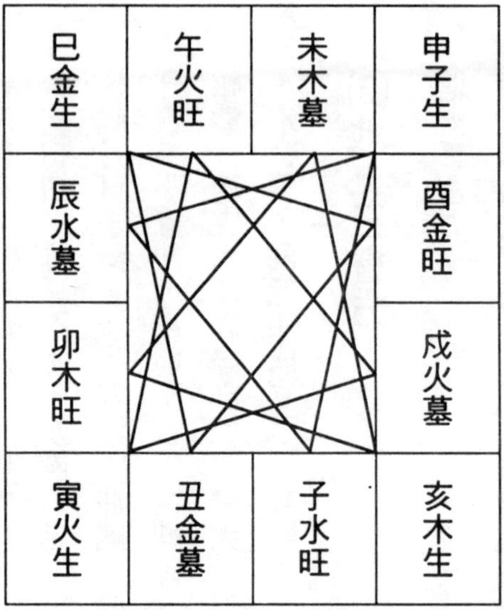

《考原日》：「三合者，取生旺墓三者以合局也。水生於申，旺於子，墓於辰，故申子辰合水局也。木生於亥，旺於卯，墓於未，故亥卯未合木局也。火生於寅，旺於午，墓於戌，故寅午戌合火局也。金生於巳，旺於酉，墓於丑，故巳酉丑合金局也。」

地支三合局的理論可說是我國幾何學最早理念之肇始，它是依據著近似圓周黃道十二宮之宮度演繹而來，取三點而成一正三角的三足鼎立，最佳且最穩定的理念而立論。

另，亦由「十二長生運」的觀念，取其過程中最具代表性的長生、帝旺與墓的三個階段運相而論。

由以上二種的取抉的觀念可知「三合局」所代表的意象就是穩定鞏固，且有團結一致之意義。

西洋星占術中，亦有同此分類之法則，茲列表參考如下：

四分類（三分局）：中國古命學法			四象：西洋星占術法		
申子辰	水局	潤下	風象	雙子座、水瓶座、天秤座。	理智
寅午戌	火局	炎上	火象	雙魚座、天蠍座、巨蟹座。	情感
亥卯未	木局	曲直	水象	射手座、獅子座、牡羊座。	精神
巳酉丑	金局	從革	地象	處女座、金牛座、摩羯座。	物質

各位可能會發現怎麼少了一個「土」呢？難道「土」沒有「三合局」之效應嗎？其實「土」的三合局效應是有，但是各家所持的觀點理論不一。八字命學認為

應該同「火」的三合局，而斗數命學卻認為應該是與「水」的三合局同。據筆者多年的實務經驗是較認同：與水的三合局同。至於各位認為如何，還請各依所習學或經驗各自認定與應用。

①水土同長生：

理論是依大自然氣數而演繹，土水的混合是較具有生機的現象，且符合大自然生態的原理。

②火土同長生：

火土為燥土，是灰燼，其所具備生機的訊號幾近於零，而命學所求的就是「命」，有生機方有「命」態之形成。

儘管如此，筆者亦不願剝削各位習學的權利，茲摘錄《准南子》論土之記載：「木生於亥、壯於卯、死於未，三辰皆木也。火生於寅、壯於午、死於戌，三辰皆火也。土生於午、壯於戌、死於寅，三辰皆土也。金生於巳、旺於酉、死於丑，三辰皆金也。水生於申、壯於子、死於辰，三辰皆水也。故五勝：生一、壯五、勝九，五九四十五。故神四十五日而一徙。以三應五，故八步而歲終。」

(4)地支六合

地支六合：

子丑合屬土　寅亥合屬木　卯戌合屬火

辰酉合屬金　巳申合屬水　午未合午為太陽　未為太陰

註：午未之合得依視天干透出為何而屬之。

●透己則化土。

●透丁則化火。

地支六合的理論有以「十二律呂」（《周禮》）配出，亦有以月建與日纏之關係演繹而來。

《周禮》云：「奏黃鐘，歌大呂，子與丑合；

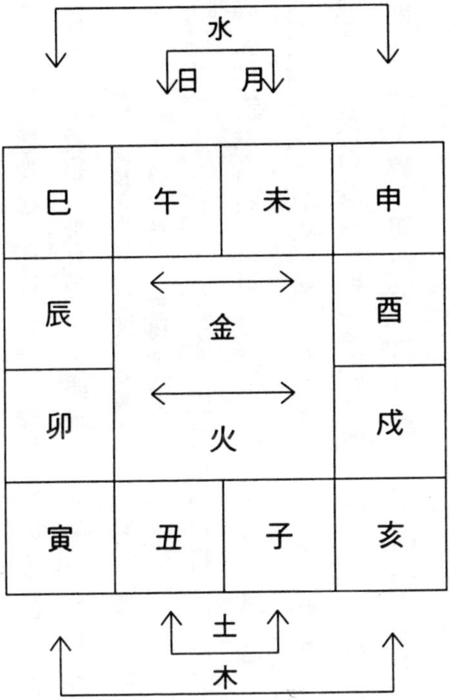

奏太簇，歌應鐘，寅與亥合；奏姑洗，歌南呂，辰與酉合；奏無射，歌夾鐘，戌與卯合；奏蕤賓，歌林鐘，午與未合；奏夷則，歌小呂，申與巳合。」

（**註**：黃鐘、太簇、姑洗、蕤賓、夷則、無射六者，古稱「六律」。林鐘、南呂、應鐘、大呂、夾鐘、仲呂，古稱「六呂」。）

《考原》曰：「六合者，以月建與月將（日）躔相合也。」《蠡海集》曰：「陰陽家地支六合者：日月會於子，則斗建丑；日月會於丑，則斗建子，故子與丑合。日月會於寅、則斗建亥；日月會於亥，則斗建寅，故寅與亥合。日月會於卯，則斗建戌；日月會於戌，則斗建卯，故卯與戌合。日月會於辰，則斗建酉；日月會於酉，則斗建辰，故辰與酉合。日月會於巳，則斗建申；日月會於申，則斗建巳，故巳與申合。日月會於午，則斗建未；日月會於未，則斗建午，故午與未合。」

看完了以上地支「三合」、「六合」之論述後，不知各位是否會產生一個質疑，那就是到底那一種力量較大？或者是那一種較好用？其實，這個問題並沒有所謂的一定之說，如果依實用的角度，以及靈動力呈顯之快慢而言，筆者建議各位取「六合」而用，比較簡單嘛！

（**按**：月將即是日月無光，受日之光，月行與日合而成歲紀，則是日者，月之將也。故日、月將非是別有神，從日而右轉者也。其躔次亥日「　訾」，戌日「降婁」，酉日「大梁」，卯日「大火」，寅日「析木」，丑日「星紀」，子日「元枵」，申日「實沈」，未日「鶉首」，午日「鶉火」，巳日「鶉尾」，辰日「壽星」。

相關之圖形與解說請逕自參閱拙著《現代羅經理論解析》一九九七年一月，益群書店出版）

(5)地支半三合

地支之「半三合」是相對著「三合」而言，也就是說三合中之生、旺、墓缺少一項。但其成局的條件亦並非只要有二項即可，而是二項之中必須要帶有合化之誘因神——帝旺，方可成立「半三合」格局。如申子、酉丑、亥卯、午戌等均是。

至於「半三合」所化之五行，仍是以原「三合」之五行為依據。其靈動力自是弱於三合之靈動力。

(6)地支相害

地支六害：

子未相害　丑午相害　寅巳相害

卯辰相害　申亥相害　酉戌相害

「相害」即是「相害」（台語發音）。「害」之理是基於「合」而推演。例如子丑本合，但逢未沖丑，使子無法與丑相合，此即謂「未害子」；「另子害未」理同。其餘均可做此類推。附圖示。

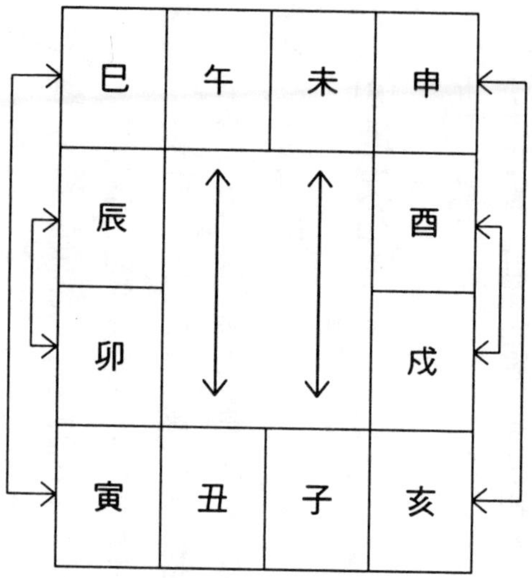

地支六害

《三命通會》曰：「六害者，十二支凌我之辰也。子未相害者，謂未旺土害子旺水，名『勢家相害』，故子見未則為害。丑午相害者，謂午以旺火凌丑死金，名『官鬼相害』，故丑見午，而午更帶丑干之真鬼，則為害尤甚。寅巳相害者，謂之各恃臨官，擅能而進相害，若干神往來有鬼者尤甚；況刑在其中，尤不可不加減災福。卯辰相害者，謂卯以旺木凌辰死土，此以少凌長相害，故辰見卯，而卯更帶辰干真鬼，則其害尤甚。申亥相害者，謂各恃臨官，競嫉才能，爭進相害，故申見亥，亥見申均為害。酉戌相害者，謂戌以死火害酉旺金，此嫉妒相害，故酉人見戌則凶，戌人見酉無災。」

⑺地支相刑

地支相刑：

申刑寅、寅刑巳、巳刑申——恃勢之刑。

戌刑未、未刑丑、丑刑戌——無恩之刑。

辰刑辰、午刑午、酉刑酉、亥刑亥——自刑。

子刑卯、卯刑子——無禮之形。

（註：恃勢者，恃強勢而欺也；無恩者，同室操戈是也；無禮者，下凌上是也；自刑者，自我加害是也。）

地支「三刑」的理論是由金、木、水、火之三合局，以及方向會的兩旺格局相加且相生，如此地旺中加旺所造成的「旺極」現象，所謂「一山不容二虎」，致而產生相互爭霸、相互排斥之靈動，此即「刑」理之推演。茲將其演繹之圖附示如次，並摘錄昔日名師對於「刑」義之辯論見解于后。

局			方
水局	申子辰	寅卯辰	東方
火局	寅午戌	巳午未	南方
金局	巳酉丑	申酉戌	西方
木局	申子辰	寅卯辰	北方
橫看互為相刑			

⑻結語

本章大致已將命學系統中最基礎的知識介紹與闡述，希望各位不要認為太過於簡單而疏略之，因為再困難再艱深的理論，亦都是由基礎理論演繹而來。

〈附錄〉：「刑」之各家見解

一、皇極中，天以十數為煞數，至十數悉空，其數惡，盈滿則覆也。

德義補曰：邵子皇極之論：「聲天之十癸，合少角音地之十二亥。為變宫。水以和日。自是其周而復始，貞下起元之際乎？」吳教授解曰：「日甲一元之數告終，現有之天地完全毀滅矣，此後將復有新天地之一元，依前式而衍進。此係邵子推衍經世天地始終一元之數，自日甲、子始，至月亥，會十二，天數十，全元四千三百二十世，年數十二萬九千六百年而天地告終，愚按依照天八地十之會，物候淒清，星辰地球之運行失序，日間可見星光之燦爛，星座位置排成圖案，氣候炎熱，冬天亦可種植。天九地十一之會，日間短而夜間長，陰雲四佈，霪雨不止，萬物呈顯一片衰死枯竭之態，已呈世界末日之景象，以此推之，十為殺，九、八亦為凶也。」此論恐與刑無關，因三刑地支字有上下隔三，或隔六，或自刑本身，六沖即隔六位，三煞即末字連接，有之，即六甲空亡巧合於此說，以六甲十支之餘為空亡，稍合此例。

二、遁甲曰：「刑為尤急，坐不及起，刑上刑下，自相刑也。」

德義補曰：犯三刑時發生禍害是急快的，最迅速時坐下椅子，還沒有站起來時就發生禍事，這個三刑有刑上、刑下、自刑三種之分別的。遁甲又曰：「六儀擊刑三奇墓，此時舉動百事誤。」如子刑卯，丑刑戌，寅刑巳，卯刑子，巳刑申，午刑午，未刑丑，申刑寅，酉刑酉，戌刑未，亥刑亥，凡擊刑，主謀事不成，多有失陷，不可出師，出行百事不吉，舉動失誤。又云「六儀擊刑，至惡而不可使用。」又云：「六儀擊刑何太凶，甲子值符愁向東，戌刑未上申刑寅，寅巳辰辰午刑午。」又曰：「六儀擊刑三奇墓，此時舉動可憚懼。」故遁甲大忌六儀臨刑傷地。

三、考原曰：「巳酉丑刑申酉戌，寅午戌刑巳午未，申子辰刑寅卯辰，亥卯未刑亥子丑。」巳酉丑刑申，為何不刑寅卯辰，且上下未臻十極數，其理亂矣，莫非隨便找個借題交待。又曰：木恃其榮華，故陰氣刑之；水恃陰邪，故陽氣刑之；其說不無矯強，此協紀諸學士研究亦公認矯強無理，實無法令人心服。而辰午酉亥自刑亦未論及。翼氏曰：「金火剛強，水木柔弱。」故金刑金方、火刑火方，此與巳酉丑刑申酉戌、寅午戌刑巳午未同義，而金銳於酉，火莫強於午，則並不特自強之本方而已，且自戕之體焉，若水木之柔弱則必被戕於生我者與我生者，水生木而刑於木，木生水而刑於水，此之學說更使人不知所云，其意義牽強搪塞，推卸猜測之意，並無準則定義。所謂十數而極，子左轉十數為卯，右轉十數為酉。所謂刑上、刑下、自刑也，子刑卯、卯刑子、子刑酉、酉刑子、卯酉本為沖，丑刑戌、戌刑丑、丑利辰、辰利丑，戌本火之庫，辰為水之庫，亦為沖，但因丑金庫介入而減輕其水火之不容。寅刑巳、巳刑寅、寅刑亥、亥刑寅、巳亥為沖，因太歲寅調和二方，遂減輕對沖之仇視，卯刑子、子刑卯、卯刑午、午刑卯，子午本水火不兩立，但因太歲是卯，產生生剋之作用削弱其衝惡，辰刑丑、丑利辰、辰利未、未刑辰、丑為金之庫，未為木之庫，本為兩相不容之地，因有水之庫從中調和而減其剋沖之力，巳刑申、申刑巳、巳刑寅、寅刑巳、寅申本為對沖，但因太歲已從中生剋而減其力道之惡意，而所謂寅刑申、申刑寅，其說大錯特錯，寅申本為沖，又何須刑其於絕地，又何刑之有，此眾皆知不必多贅，不知那位高人之惡作劇而有此大手筆？午刑卯、卯刑午、午刑酉、酉刑午、卯酉對沖因太歲是午從中折調而減其沖，見左例：

酉　辰　亥　午　未　寅　酉　戌　亥　子　丑　寅

子　丑　寅　卯　辰　巳　午　未　申　酉　戌　亥

卯戌巳子丑申卯辰巳午未申

總之從太歲左極點、右極點、左極剋右極，右極剋左極，戕害於對方，因主辰太歲從中調和而減輕其沖力，是故可知其惡力僅次於對方，致辰午酉亥自相刑，今引用古說協紀載：按子午沖，子未為害，衝重於害，寅卯為類，寅午戌為合，合必輕於類，而不然？何也，天之圓，積氣也；地之方，積形也；人者，圓首、方趾、上圓下方而為三角，實天地之心，是故方圓之數必以三角為用，以明天為大圓，地為大方，再人之三角而神以者。今反過來說：刑者，地之二極（按，地有四極）對沖也，其惡應重於衝而不然，何也？衝者，直剋也；刑者，折衝也，其力自然輕於直衝。而辰午酉亥自刑論，從上古之說，以證今說之非。

德義補曰：按，翼氏云：「金剛火強，各守其方，木落歸根，水流趨末。」曾門經曰：「巳酉丑金之位，刑在西方，言金恃其剛，物莫與對，寅午戌火之位，刑在南方，言火恃其強，物莫與對，卯未木之位，刑在北方，言木恃榮華，故陰氣刑之，使其凋落，申子辰水之位，刑在東方，言水恃陰邪，故陽氣刑之，使不復歸。」協紀曰：「水木之柔弱則必被戕於生我者與所生者，水生木而刑木，木生於水而刑水，生我之門，死我之戶，孟子所謂死於安樂者，其斯之謂歟？以亥卯未刑亥子丑，而亥轉自刑，亥木根也，所謂木落歸根也；以申子辰刑寅卯辰，而辰轉自刑，辰水也，所謂水流趨末也。」其餘午字之於火強，酉字之於金剛理同，辰、亥自刑之說甚為明顯，其理正義明，又鄭君演繹子刑卯，子刑酉，今以本命子，用卯日犯三刑。是年若值酉年，即酉金生子水本命，剋刑傷之卯本，酉年全年子命不忌三刑，又本命丑，用戌日犯三刑，該年若逢辰年，即辰庫水會消滅戌庫火，丑命於辰年全年不忌三刑，其餘類推。惟多出子酉、丑辰、寅亥、卯午、辰未、午酉、申亥等犯刑，實為聰敏至極，若能更進一步演衍成章，公諸同寅，則不難成為一大宗師焉。

四、辰加辰為同類、午加午同類、酉加酉同類、亥加亥同類，其力適應大於三合之力道，此古例已有明示，同類豈會自刑？只有增其厚福才對。從古到今未見一物一辰會自刑的，必有二物二辰以上方可斷論善惡吉凶，又如何能刑之？況先賢早將宇宙萬物化為五行，同類成行，設若沒有其他辰介入，本身又怎麼會自刑之？古今一物剋一物，一物生一物，一辰剋一辰，一辰生一辰，相應循環始能生生不息，而未曾有一辰會本身自刑的道理，此稍有涉獵此道者皆能知之。三合者，以茲生、以茲長、以茲終，三刑者，以極而衝也。先賢之作，後學誤解其意，未窮其理即以己意創說，或標新立異以取衆，誤解先賢之旨意，實誤人匪淺。

德義補曰：按同類有積不相容者，辰午酉亥也。以水流未成庫氾濫而為洪水猛獸，火炎祝融逞威能使萬物化為灰燼，金剛堅利傷人指，木在壬癸水域，北風凜冽，霜雪侵凌，葉落枝枯，氣竭歸根，古人立意，並無半點差錯，如同性相排斥，異性相吸引，陰陽電之原理亦同。辰日一也，辰命一也。辰命而用辰日者，二辰合在一起而發生自刑之現象也。壬水一物也，己土一物也，壬水命而用己土曰本命受剋也。不用則何剋之有。而惡勢力之相結合則為害非淺也。按：辰午酉亥自相刑。辰者申子辰也。午者寅午戌也，酉者巳酉丑也，亥者亥卯未也，今作子論，子極於卯，子亦極於酉；卯者亥卯未也，酉者巳酉丑也，巳酉丑沖亥卯未簡稱亥。作丑論，丑極於戌、丑亦極於辰，戌者寅午戌也、辰者申子辰也，申子辰沖寅午戌簡稱辰午。作寅論，寅極於巳，寅亦極於亥。巳者巳酉丑，亥者亥卯未也，巳酉丑沖亥卯未，簡稱酉、亥。作卯論，卯極於子，卯亦極於午。子者申子辰也，午者寅午戌也，申子辰沖寅午戌簡稱辰午。作辰論，辰極於丑，辰亦極於未，丑者巳酉丑，未者亥卯未，巳酉丑沖亥卯未簡稱酉亥。作巳論，寅極於巳，寅亦極於亥。巳者巳酉丑，亥者亥卯未也，巳酉丑沖亥卯未簡稱酉亥。作午論，午極於酉，午亦極於卯，酉者巳酉丑，卯者亥卯未也巳酉丑沖亥卯未簡稱酉亥。十二支神類推，以任何一辰為太歲，尋其左極點，右極點必為申子辰衝寅午戌，而簡稱辰、午。或巳酉丑沖亥卯未而簡稱酉亥，是以簡稱辰午，酉亥自相刑也。其意在此。非辰刑辰、午刑午、酉刑酉、亥刑亥之謂，後人都依此口訣為人擇日看地自然無所適從。可恨不知何代那位高人妄將此口訣遺傳下來，而後人亦未深究，懵然不知或不解其意者皆依其口訣，妄自推測，諉隨附和，而失去多少好地與日子，相延至今，遺害數百年而尚未為人發覺真是可悲，今末學大膽推測，若諸先進認為有理，則應立即更改諸書籍之自刑論，免得再續相延而遺害下去，誤人誤己，使後人不得其福，使先賢不得瞑目。簡述衝煞，其為絕地，雖有貴遇或同類之助，亦莫以試。三刑而有三合，六害而有六合，其理簡而易明矣。當此夕陽國粹的今天，但望諸大日家能本著探求真理的態度，平心靜氣來探討，不傷和氣，但求理之所在，勿為人云亦云所惑，來共揭大自然之玄奧，則仙人得福，後世蒙蔭，代代幸甚矣！末學學識淺薄，所推之理容有不是之處，但以真理愈辯而愈能接近真理之意，略作數言，尚望諸賢先進不吝指教。

德義補云：鄭先生發見十五極數，推衍發揮，宏言妙論，已達至善。當仁不讓，德義亦發現一真訣，訣云：「地以四數為煞數，至四數該死，其數凶，衰敗則絕也。」

地支十二數也，天干十數也，以地數四為極數，由子順數至卯四數也，由子逆數至酉亦四數也，卯亥卯未也，酉巳酉丑也，亥卯未必沖巳酉丑也。十六數亦為極數也，由丑順算十六位乃辰也。由丑逆算十六位乃戌也，辰申子辰也，戌寅午戌也，申子辰必對沖寅午戌也。以四數加六，再加六，一直加下，均極數也。看官不信可以自己追加，順逆推算，便知德義之妙訣不謬也。十數不為凶數也，如十全十美、十大建設、十室之邑必有忠信……等含有圓善美滿之意。四者極數之始也，四纔是凶數，因四與死音同，君不見套房病房電話尾數皆諱四乎？申子辰水煞巳午未火，我剋也，寅午戌火應煞申酉戌金，我剋也，巳酉丑金煞寅卯辰木，我剋也，亥卯未木應煞辰戌丑未土，我剋也，先賢對三煞之立訣與三刑同，有些亂矣。黃宗炎大儒云：「兩間氣化，自有贏縮，或陰盛陽衰，或陽多陰少，惡得均分齊一，無輕重大小，往來消長之異同？」這纔是正理，數字遊戲可以休矣。

除了前述對於「刑」理論之見解外，特再將青江子對於「三刑」之論調見解整理數條則如下，供作參攷。

①《聿斯經》曰：『刑值貴人能化解』，亦看刑與貴合不合？

②古云：『有不宜刑者，而亦有宜刑者』，以五行不可偏勝，有一勝即有一廢，故凡偏枯者宜刑之；如擔物，一頭輕必昂，一頭輕必墜，昂者增之，墜者減之，所謂「齊之以刑」也。

③有刑而不利者，逢合則化解，四課內有兩字相刑，再用兩字化合，各自分開，則不刑矣。命與山方，亦如是變通化解。惟六合、三合，合則羈絆，不能往刑，而有相親者留住，亦「貪合忘刑」之義；又有遇生不畏刑入，龍德迴生救護受刑者，逐去施刑者，雖有刑，如無刑巳；豈可徒執一刑，遂視為挺刃之類也哉？

④化解刑煞，惟將刑支轉到歲君貴人方，並本生命主、日主、命宮主貴人方上吉方；或木刑在金方，金刑在火方，火刑在水方，水刑在土方，土刑在木方，或刑在木方，或刑支被歲，命剋制皆吉；倘刑旺剋歲，命則不能制伏化解矣！須避之而吉可也。

魏武章，號青江子，有清一代之名師也。著有《宅譜》、《選時造命》等書。

第三章　節氣、月建與時辰

本章所介紹的內容，可說是命理學上最重要的問題。為何說它是最重要的呢？因為，它是「命運」中的「運」；因為，它是決定五行旺盛衰弱的抉擇條件；因為，它跟我們的生活息息相關，……它就是——時間。

然而，依據「時間」所訂立的概念與理論甚多，本章僅就與命理相關的加以介紹與闡述，以作為前後章節理論與概念系統之連貫性。

一、時 辰

一般我們在說明時間的方式大致有以下二種：

第一種：古時候曰「時辰」；現代曰「小時」。

第二種：天文上的時間；命理上的時辰。

(1) 天體運動：天文時間——平均太陽時

如果問各位：「一天有幾個小時？」相信大家一定會答的很順暢，甚至有的人還會暗笑筆者「哮仔」（台語發音）。但若再問：「一日是如何地來定義？」大概就有人可能要考慮一下了。地球自轉一周就是一日，也就是地球向背太陽一次的時間。一般均以二十四小時計之，再依一小時六十分、一分六十秒而作為計算時間的單位。

但，這僅是最粗糙的實用計算法，因為地球繞太陽的軌跡（黃道）是一橢圓形的，而非圓形的，所以，一天二十四小時僅是一個平均數，並非是地球自轉一周每天都是正好二十四小時。這可由「夏至」——日長夜短；「冬至」——日短夜長之自然現象應證。

因此，為了辨別起見，我們將此平均數——二十四小時，稱之為「平均太陽時」。

（**註**：根據天文曆書統計的資料顯示：

㈠一年中一天恰好整二十四小時者，有：

國曆：四月十五日、六月十四日、九月一日、十二月廿四日。

㈡一年中一日時差最大的日子有：

國曆：十一月二日，一天多了十六分廿二秒。

國曆：二月十一日，一天少了十四分二十二秒。）

(2) 命理上之時辰——視太陽時

命理上所用的時間概念完全是基於研究與方便應用為主，因為，將二十四小時除以二，所得之數正好可配用於十二地支。因此，古命學家即以「時辰」當作一個計算的單位，以一時辰等於二個小時計之。如此的時間計算法，即稱為「命理時辰」，或是「視太陽時」、「真太陽時」。

「時差」即是視太陽時與平均太陽時於時間上之差距，這個因素往往亦是吾人於論命時，會產生「不準」的一大關鍵。至於要如何地校準？這實在是一件很複雜的工作，容筆者待日後有緣，再著書予以討論介紹。茲將相關之資料附錄於后供作參考。

●民國六十七年一月～十二月之推算圖表

一月

平均時 日	時	真太陽時差 分	秒	平均時 日	時	真太陽時差 分	秒	平均時 日	時	真太陽時差 分	秒
1	0	－3'	17"	11	0	－7'	42"	21	0	－11'	10"
	12	－3'	31"		12	－7'	54"		12	－11'	19"
2	0	－3'	45"	12	0	－8'	06"	22	0	－11'	27"
	12	－3'	59"		12	－8'	18"		12	－11'	35"
3	0	－4'	13"	13	0	－8'	29"	23	0	－11'	43"
	12	－4'	27"		12	－8'	40"		12	－11'	51"
4	0	－4'	41"	14	0	－8'	52"	24	0	－11'	58"
	12	－4'	54"		12	－9'	03"		12	－12'	06"
5	0	－5'	08"	15	0	－9'	14"	25	0	－12'	13"
	12	－5'	21"		12	－9'	24"		12	－12'	20"
6	0	－5'	35"	16	0	－9'	35"	26	0	－12'	26"
	12	－5'	48"		12	－9'	45"		12	－12'	33"
7	0	－6'	41"	17	0	－9'	55"	27	0	－12'	39"
	12	－6'	14"		12	－10'	05"		12	－12'	46"
8	0	－6'	27"	18	0	－10'	15"	28	0	－12'	51"
	12	－6'	40"		12	－10'	25"		12	－12'	57"
9	0	－6'	53"	19	0	－10'	34"	29	0	－13'	3"
	12	－7'	05"		12	－10'	44"		12	－13'	18"
10	0	－7'	18"	20	0	－10'	53"	30	0	－13'	13"
	12	－7'	30"		12	－11'	01"		12	－13'	18"
								31	0	－13'	23"
									12	－13'	28"

二月

平均時		真太陽時差		平均時		真太陽時差		平均時		真太陽時差	
日	時	分	秒	日	時	分	秒	日	時	分	秒
1	0	−13'	32"	11	0	−14'	17"	21	0	−13'	45"
	12	−13'	36"		12	−14'	17"		12	−13'	42"
2	0	−13'	40"	12	0	−14'	17"	22	0	−13'	38"
	12	−13'	44"		12	−14'	17"		12	−13'	34"
3	0	−13'	47"	13	0	−14'	17"	23	0	−13'	30"
	12	−13'	51"		12	−14'	16"		12	−13'	26"
4	0	−13'	54"	14	0	−14'	15"	24	0	−13'	22"
	12	−13'	57"		12	−14'	14"		12	−13'	18"
5	0	−14'	00"	15	0	−14'	13"	25	0	−13'	13"
	12	−14'	02"		12	−14'	12"		12	−13'	08"
6	0	−14'	05"	16	0	−14'	10"	26	0	−13'	03"
	12	−14'	07"		12	−14'	09"		12	−12'	58"
7	0	−14'	09"	17	0	−14'	07"	27	0	−12'	53"
	12	−14'	10"		12	−14'	05"		12	−12'	48"
8	0	−14'	12"	18	0	−14'	02"	28	0	−12'	43"
	12	−14'	13"		12	−14'	00"		12	−12'	37"
9	0	−14'	15"	19	0	−13'	57"				
	12	−14'	15"		12	−13'	54"				
10	0	−14'	16"	20	0	−13'	52"				
	12	−14'	17"		12	−13'	48"				

三月

平均時		真太陽時差		平均時		真太陽時差		平均時		真太陽時差	
日	時	分	秒	日	時	分	秒	日	時	分	秒
1	0	−12′	32″	11	0	−10′	16″	21	0	−7′	27″
	12	−12′	26″		12	−10′	08″		12	−7′	18″
2	0	−12′	20″	12	0	−10′	00″	22	0	−7′	09″
	12	−12′	14″		12	−9′	52″		12	−7′	00″
3	0	−12′	08″	13	0	−9′	44″	23	0	−6′	51″
	12	−12′	02″		12	−9′	36″		12	−6′	41″
4	0	−11′	55″	14	0	−9′	28″	24	0	−6′	32″
	12	−11′	49″		12	−9′	19″		12	−6′	23″
5	0	−11′	42″	15	0	−9′	11″	25	0	−6′	14″
	12	−11′	36″		12	−9′	03″		12	−6′	05″
6	0	−11′	29″	16	0	−8′	54″	26	0	−5′	56″
	12	−11′	22″		12	−8′	46″		12	−5′	47″
7	0	−11′	15″	17	0	−8′	37″	27	0	−5′	37″
	12	−11′	08″		12	−8′	28″		12	−5′	28″
8	0	−11′	01″	18	0	−8′	20″	28	0	−5′	19″
	12	−10′	53″		12	−8′	11″		12	−5′	10″
9	0	−10′	46″	19	0	−8′	02″	29	0	−5′	01″
	12	−10′	38″		12	−7′	53″		12	−4′	52″
10	0	−10′	31″	20	0	−7′	44″	30	0	−4′	43″
	12	−10′	23″		12	−7′	36″		12	−4′	34″
								31	0	−4′	25″
									12	−4′	16″

四月

平　均　時		真太陽時差		平　均　時		真太陽時差		平　均　時		真太陽時差	
日	時	分	秒	日	時	分	秒	日	時	分	秒
1	0	−4'	07"	11	0	−1'	15"	21	0	−1'	09"
	12	−3'	58"		12	−1'	07"		12	−1'	15"
2	0	−3'	49"	12	0	−0'	59"	22	0	−1'	21"
	12	−3'	40"		12	−0'	42"		12	−1'	28"
3	0	−3'	31"	13	0	−0'	44"	23	0	−1'	33"
	12	−3'	22"		12	−0'	36"		12	−1'	39"
4	0	−3'	13"	14	0	−0'	28"	24	0	−1'	45"
	12	−3'	04"		12	−0'	21"		12	−1'	51"
5	0	−2'	56"	15	0	−0'	13"	25	0	−2'	56"
	12	−2'	47"		12	−0'	06"		12	−2'	01"
6	0	−2'	38"	16	0	−0'	01"	26	0	−2'	07"
	12	−2'	30"		12	−0'	08"		12	−2'	12"
7	0	−2'	21"	17	0	−0'	16"	27	0	−2'	17"
	12	−2'	13"		12	−0'	23"		12	−2'	21"
8	0	−2'	04"	18	0	−0'	30"	28	0	−2'	26"
	12	−1'	56"		12	−0'	36"		12	−2'	31"
9	0	−1'	48"	19	0	−0'	43"	29	0	−2'	35"
	12	−1'	40"		12	−0'	50"		12	−2'	39"
10	0	−1'	31"	20	0	−0'	56"	30	0	−2'	44"
	12	−1'	23"		12	−1'	03"		12	−2'	48"

五月

平　均　時		真太陽時差		平　均　時		真太陽時差		平　均　時		真太陽時差	
日	時	分	秒	日	時	分	秒	日	時	分	秒
1	0	2'	51"	11	0	3'	40"	21	0	3'	32"
	12	2'	55"		12	3'	41"		12	3'	30"
2	0	2'	59"	12	0	3'	41"	22	0	3'	28"
	12	3'	02"		12	3'	42"		12	3'	26"
3	0	3'	06"	13	0	3'	43"	23	0	3'	24"
	12	3'	09"		12	3'	43"		12	3'	22"
4	0	3'	12"	14	0	3'	43"	24	0	3'	19"
	12	3'	15"		12	3'	43"		12	3'	17"
5	0	3'	18"	15	0	3'	43"	25	0	3'	14"
	12	3'	20"		12	3'	43"		12	3'	11"
6	0	3'	23"	16	0	3'	43"	26	0	3'	08"
	12	3'	25"		12	3'	42"		12	3'	05"
7	0	3'	27"	17	0	3'	42"	27	0	3'	02"
	12	3'	29"		12	3'	41"		12	2'	59"
8	0	3'	31"	18	0	3'	40"	28	0	2'	55"
	12	3'	33"		12	3'	39"		12	2'	51"
9	0	3'	35"	19	0	3'	38"	29	0	2'	48"
	12	3'	36"		12	3'	37"		12	2'	44"
10	0	3'	37"	20	0	3'	35"	30	0	2'	40"
	12	3'	39"		12	3'	34"		12	2'	36"
								31	0	2'	32"
									12	2'	27"

六月

平均時		真太陽時差		平均時		真太陽時差		平均時		真太陽時差	
日	時	分	秒	日	時	分	秒	日	時	分	秒
1	0	2'	23"	11	0	0'	36"	21	0	−1'	31"
	12	2'	18"		12	0'	30"		12	−1'	37"
2	0	2'	14"	12	0	0'	24"	22	0	−1'	44"
	12	2'	09"		12	0'	18"		12	−1'	50"
3	0	2'	04"	13	0	0'	12"	23	0	−1'	57"
	12	1'	59"		12	0'	05"		12	−2'	03"
4	0	1'	54"	14	0	−0'	01"	24	0	−2'	10"
	12	1'	49"		12	−0'	07"		12	−2'	16"
5	0	1'	44"	15	0	−0'	13"	25	0	−2'	22"
	12	1'	39"		12	−0'	20"		12	−2'	29"
6	0	1'	34"	16	0	−0'	26"	26	0	−2'	35"
	12	1'	28"		12	−0'	33"		12	−2'	41"
7	0	1'	23"	17	0	−0'	39"	27	0	−2'	48"
	12	1'	17"		12	−0'	45"		12	−2'	54"
8	0	1'	11"	18	0	−0'	52"	28	0	−3'	00"
	12	1'	06"		12	−0'	58"		12	−3'	06"
9	0	1'	00"	19	0	−1'	05"	29	0	−3'	13"
	12	0'	54"		12	−1'	11"		12	−3'	19"
10	0	0'	48"	20	0	−1'	18"	30	0	−3'	25"
	12	0'	42"		12	−1'	24"		12	−3'	31"

七月

平均時		真太陽時差		平均時		真太陽時差		平均時		真太陽時差	
日	時	分	秒	日	時	分	秒	日	時	分	秒
1	0	−3'	37"	11	0	−5'	20"	21	0	−6'	18"
	12	−3'	43"		12	−5'	24"		12	−6'	20"
2	0	−3'	48"	12	0	−5'	28"	22	0	−6'	21"
	12	−3'	54"		12	−5'	32"		12	−6'	22"
3	0	−4'	00"	13	0	−5'	35"	23	0	−6'	24"
	12	−4'	05"		12	−5'	39"		12	−6'	25"
4	0	−4'	11"	14	0	−5'	43"	24	0	−6'	25"
	12	−4'	16"		12	−5'	46"		12	−6'	26"
5	0	−4'	22"	15	0	−5'	49"	25	0	−6'	27"
	12	−4'	27"		12	−5'	52"		12	−6'	27"
6	0	−4'	32"	16	0	−5'	55"	26	0	−6'	27"
	12	−4'	38"		12	−5'	58"		12	−6'	27"
7	0	−4'	43"	17	0	−6'	01"	27	0	−6'	27"
	12	−4'	48"		12	−6'	04"		12	−6'	27"
8	0	−4'	53"	18	0	−6'	06"	28	0	−6'	27"
	12	−4'	57"		12	−6'	09"		12	−6'	26"
9	0	−5'	02"	19	0	−6'	11"	29	0	−6'	26"
	12	−5'	07"		12	−6'	13"		12	−6'	25"
10	0	−5'	11"	20	0	−10'	15"	30	0	−6'	24"
	12	−5'	15"		12	−11'	17"		12	−6'	23"
								31	0	−6'	22"
									12	−6'	20"

八月

平均時		真太陽時差		平均時		真太陽時差		平均時		真太陽時差	
日	時	分	秒	日	時	分	秒	日	時	分	秒
1	0	−6'	19"	11	0	−5'	17"	21	0	−3'	18"
	12	−6'	17"		12	−5'	13"		12	−3'	11"
2	0	−6'	16"	12	0	−5'	08"	22	0	−3'	03"
	12	−6'	14"		12	−5'	03"		12	−2'	56"
3	0	−6'	11"	13	0	−4'	58"	23	0	−2'	48"
	12	−6'	09"		12	−4'	53"		12	−2'	40"
4	0	−6'	07"	14	0	−4'	47"	24	0	−2'	32"
	12	−6'	04"		12	−4'	42"		12	−2'	24"
5	0	−6'	02"	15	0	−4'	36"	25	0	−2'	16"
	12	−5'	59"		12	−4'	30"		12	−2'	08"
6	0	−5'	56"	16	0	−4'	24"	26	0	−2'	00"
	12	−5'	53"		12	−4'	18"		12	−1'	52"
7	0	−5'	49"	17	0	−4'	12"	27	0	−1'	43"
	12	−5'	46"		12	−4'	06"		12	−1'	35"
8	0	−5'	42"	18	0	−3'	59"	28	0	−1'	26"
	12	−5'	38"		12	−3'	53"		12	−1'	17"
9	0	−5'	34"	19	0	−3'	46"	29	0	−1'	09"
	12	−5'	30"		12	−3'	39"		12	−1'	00"
10	0	−5'	26"	20	0	−3'	32"	30	0	−0'	51"
	12	−5'	22"		12	−3'	25"		12	−0'	42"
								31	0	−0'	32"
									12	−0'	23"

九月

平均時		真太陽時差		平均時		真太陽時差		平均時		真太陽時差	
日	時	分	秒	日	時	分	秒	日	時	分	秒
1	0	−0'	14"	11	0	3'	06"	21	0	6'	39"
	12	−0'	05"		12	3'	16"		12	6'	49"
2	0	0'	05"	12	0	3'	27"	22	0	7'	00"
	12	0'	14"		12	3'	37"		12	7'	11"
3	0	0'	24"	13	0	3'	48"	23	0	7'	21"
	12	0'	34"		12	3'	58"		12	7'	32"
4	0	0'	43"	14	0	4'	09"	24	0	7'	42"
	12	0'	53"		12	4'	20"		12	7'	53"
5	0	1'	03"	15	0	4'	30"	25	0	8'	03"
	12	1'	13"		12	4'	41"		12	8'	13"
6	0	1'	23"	16	0	4'	52"	26	0	8'	24"
	12	1'	33"		12	5'	02"		12	8'	34"
7	0	1'	43"	17	0	5'	13"	27	0	8'	44"
	12	1'	53"		12	5'	24"		12	8'	54"
8	0	2'	03"	18	0	5'	35"	28	0	8'	04"
	12	2'	14"		12	5'	45"		12	8'	15"
9	0	2'	24"	19	0	5'	56"	29	0	9'	25"
	12	2'	34"		12	6'	07"		12	9'	34"
10	0	2'	45"	20	0	6'	17"	30	0	9'	44"
	12	2'	55"		12	6'	28"		12	9'	54"

十月

平均時		真太陽時差		平均時		真太陽時差		平均時		真太陽時差	
日	時	分	秒	日	時	分	秒	日	時	分	秒
1	0	10'	04"	11	0	13'	01"	21	0	15'	13"
	12	10'	14"		12	13'	09"		12	15'	18"
2	0	10'	23"	12	0	13'	17"	22	0	15'	22"
	12	10'	33"		12	13'	24"		12	15'	27"
3	0	10'	42"	13	0	13'	32"	23	0	15'	32"
	12	10'	52"		12	13'	39"		12	15'	36"
4	0	11'	01"	14	0	13'	46"	24	0	15'	40"
	12	11'	10"		12	13'	54"		12	15'	44"
5	0	11'	19"	15	0	14'	00"	25	0	15'	48"
	12	11'	28"		12	14'	07"		12	15'	51"
6	0	11'	37"	16	0	14'	14"	26	0	15'	55"
	12	11'	46"		12	14'	21"		12	15'	58"
7	0	11'	55"	17	0	14'	27"	27	0	16'	01"
	12	12'	03"		12	14'	33"		12	16'	04"
8	0	12'	12"	18	0	14'	39"	28	0	16'	06"
	12	12'	20"		12	14'	45"		12	16'	09"
9	0	12'	29"	19	0	14'	51"	29	0	16'	11"
	12	12'	37"		12	14'	57"		12	16'	13"
10	0	12'	45"	20	0	15'	02"	30	0	16'	15"
	12	12'	53"		12	15'	07"		12	16'	17"
								31	0	16'	18"
									12	16'	20"

十一月

平均時		真太陽時差		平均時		真太陽時差		平均時		真太陽時差	
日	時	分	秒	日	時	分	秒	日	時	分	秒
1	0	16'	21"	11	0	16'	00"	21	0	14'	17"
	12	16'	22"		12	15'	57"		12	14'	10"
2	0	16'	22"	12	0	15'	54"	22	0	14'	02"
	12	16'	23"		12	15'	50"		12	13'	54"
3	0	16'	23"	13	0	15'	46"	23	0	13'	46"
	12	16'	23"		12	15'	42"		12	13'	38"
4	0	16'	23"	14	0	15'	38"	24	0	13'	30"
	12	16'	23"		12	15'	34"		12	13'	21"
5	0	16'	22"	15	0	15'	29"	25	0	13'	12"
	12	16'	22"		12	15'	24"		12	13'	04"
6	0	16'	21"	16	0	15'	19"	26	0	12'	54"
	12	16'	20"		12	15'	14"		12	12'	45"
7	0	16'	18"	17	0	15'	09"	27	0	12'	35"
	12	16'	17"		12	15'	03"		12	12'	26"
8	0	16'	15"	18	0	14'	57"	28	0	12'	16"
	12	16'	13"		12	14'	51"		12	12'	06"
9	0	16'	11"	19	0	14'	45"	29	0	11'	55"
	12	16'	09"		12	14'	38"		12	11'	45"
10	0	16'	06"	20	0	14'	31"	30	0	11'	34"
	12	16'	03"		12	14'	24"		12	11'	24"

十二月

平均時		真太陽時差		平均時		真太陽時差		平均時		真太陽時差	
日	時	分	秒	日	時	分	秒	日	時	分	秒
1	0	11'	13"	11	0	7'	03"	21	0	2'	16"
	12	11'	01"		12	6'	50"		12	2'	01"
2	0	10'	50"	12	0	6'	36"	22	0	1'	46"
	12	10'	39"		12	6'	22"		12	1'	31"
3	0	10'	27"	13	0	6'	08"	23	0	1'	16"
	12	10'	15"		12	5'	54"		12	1'	01"
4	0	10'	03"	14	0	5'	40"	24	0	0'	46"
	12	9'	51"		12	5'	26"		12	0'	31"
5	0	9'	39"	15	0	5'	11"	25	0	0'	16"
	12	9'	27"		12	4'	57"		12	0'	01"
6	0	9'	14"	16	0	4'	43"	26	0	−0'	14"
	12	9'	02"		12	4'	28"		12	−0'	29"
7	0	8'	49"	17	0	4'	14"	27	0	−0'	43"
	12	8'	36"		12	3'	59"		12	−0'	58"
8	0	8'	23"	18	0	3'	44"	28	0	−1'	13"
	12	8'	10"		12	3'	30"		12	−1'	28"
9	0	7'	57"	19	0	3'	15"	29	0	−1'	43"
	12	7'	44"		12	3'	00"		12	−1'	57"
10	0	7'	31"	20	0	2'	45"	30	0	−2'	12"
	12	7'	17"		12	2'	30"		12	−2'	27"
								31	0	−2'	41"
									12	−2'	55"

另將全省各縣市鄉鎮所佔之經度及其與 E120 度之經度差及經度差所換算出應加減之時間製繪成表，以供便覽查閱：

全省各地方經度及時差一覽表				
地	名	(約)所站之經度(東經E)	與中原標準時間經度相距之度數	與中原標準時間應加減之時間
台北縣	石門	121° 34'	＋1° 34'	＋6'16"
	三芝	121° 29'	＋1° 29'	＋5'56"
	金山	121° 38'	＋1° 38'	＋6'32"
	萬里	121° 41'	＋1° 41'	＋6'44"
	淡水	121° 26'	＋1° 26'	＋5'44"
	八里	121° 23'	＋1° 23'	＋5'32"
基隆		121° 44'	＋1° 44'	＋6'56"
	五股	121° 26'	＋1° 26'	＋5'44"
	汐止	121° 39'	＋1° 39'	＋6'36"
	南港	121° 36'	＋1° 36'	＋6'24"
	泰山	121° 26'	＋1° 26'	＋5'44"
	瑞芳	121° 48'	＋1° 48'	＋7'12"
台北		121° 31'	＋1° 31'	＋6'04"
三重		121° 29'	＋1° 29'	＋5'56"
	新莊	121° 27'	＋1° 27'	＋5'48"
板橋		121° 27'	＋1° 27'	＋5'48"
	平溪	121° 44'	＋1° 44'	＋6'56"
	貢寮	121° 54'	＋1° 54'	＋7'36"
	樹林	121° 25'	＋1° 25'	＋5'40"
	土城	121° 26'	＋1° 26'	＋5'44"
	鶯歌	121° 21'	＋1° 21'	＋5'24"
	三峽	121° 22'	＋1° 22'	＋5'28"
	坪林	121° 42'	＋1° 42'	＋6'48"
	烏來	121° 33'	＋1° 33'	＋6'12"
	雙溪	121° 27'	＋1° 27'	＋5'48"
宜蘭縣	頭城	121° 49'	＋1° 49'	＋7'16"
	礁溪	121° 45'	＋1° 45'	＋7'00"
宜蘭		121° 44'	＋1° 44'	＋6'56"
	員山	121° 43'	＋1° 43'	＋6'52"

全省各地方經度及時差一覽表				
地	名	(約)所站之經度(東經E)	與中原標準時間經度相距之度數	與中原標準時間應加減之時間
	五結	121° 47'	+1° 47'	+7'08"
	羅東	121° 46'	+1° 46'	+7'04"
	三星	121° 38'	+1° 38'	+6'32"
	冬山	121° 47'	+1° 47'	+7'08"
	蘇澳	121° 50'	+1° 50'	+7'20"
	大同	121° 32'	+1° 32'	+6'08"
	南澳	121° 47'	+1° 47'	+7'08"
桃園縣	大園	121° 12'	+1° 12'	+4'48"
	龜山	121° 20'	+1° 20'	+5'20"
	觀音	121° 04'	+1° 04'	+4'16"
桃園		121° 18'	+1° 18'	+5'12"
中壢		121° 13'	+1° 13'	+4'52"
	新屋	121° 06'	+1° 06'	+4'24"
	八德	121° 17'	+1° 17'	+5'08"
	楊梅	121° 08'	+1° 08'	+4'32"
	大溪	121° 17'	+1° 17'	+5'08"
	龍潭	121° 12'	+1° 12'	+4'48"
	復興	121° 21'	+1° 21'	+5'24"
新竹縣	新豐	120° 59'	+0° 59'	+3'56"
	湖口	121° 02'	+1° 02'	+4'08"
	竹北	121° 00'	+1° 00'	+4'00"
新竹		120° 58'	+0° 58'	+3'52"
	新埔	121° 04'	+1° 04'	+4'16"
	關西	121° 10'	+1° 10'	+4'40"
	香山	121° 56'	+0° 56'	+3'44"
	芎林	121° 04'	+1° 04'	+4'16"
	寶山	121° 02'	+1° 02'	+4'08"
	竹東	121° 05'	+1° 05'	+4'20"
	橫山	121° 07'	+1° 07'	+4'28"

全省各地方經度及時差一覽表				
地	名	(約)所站之經度(東經E)	與中原標準時間經度相距之度數	與中原標準時間應加減之時間
	北埔	121° 03'	＋1° 03'	＋4'12"
	峨嵋	121° 01'	＋1° 01'	＋4'04"
	尖石	121° 12'	＋1° 12'	＋4'48"
	五峰	121° 07'	＋1° 07'	＋4'28"
苗栗縣	頭份	120° 54'	＋0° 54'	＋3'36"
	竹南	120° 52'	＋0° 52'	＋3'28"
	三彎	120° 57'	＋0° 57'	＋3'48"
	南莊	120° 59'	＋0° 59'	＋3'56"
	造橋	120° 52'	＋0° 52'	＋3'28"
	後龍	120° 47'	＋0° 47'	＋3'08"
	頭屋	120° 50'	＋0° 50'	＋3'20"
	苗栗	120° 48'	＋0° 48'	＋3'12"
	西湖	120° 44'	＋0° 44'	＋2'56"
	公館	120° 49'	＋0° 49'	＋3'16"
	銅鑼	120° 41'	＋0° 46'	＋3'04"
	通霄	120° 41'	＋0° 41'	＋2'44"
	苑裡	120° 38'	＋0° 38'	＋2'32"
	三義	120° 46'	＋0° 46'	＋3'04"
	泰安	120° 55'	＋0° 55'	＋3'40"
	卓蘭	120° 49'	＋0° 49'	＋3'16"
台中縣	大甲	120° 37'	＋0° 37'	＋2'28"
	外埔	120° 39'	＋0° 39'	＋2'36"
	后里	120° 43'	＋0° 43'	＋2'52"
	石岡	120° 46'	＋0° 46'	＋3'04"
	東勢	120° 49'	＋0° 49'	＋3'16"
	新社	120° 48'	＋0° 48'	＋3'12"
豐原		120° 47'	＋0° 47'	＋3'08"
	神岡	120°39'	＋0° 39'	＋2'36"
	大雅	120° 38'	＋0° 38'	＋2'32"

全省各地方經度及時差一覽表				
地	名	(約)所站之經度(東經E)	與中原標準時間經度相距之度數	與中原標準時間應加減之時間
	清水	120° 34'	＋0° 34'	＋2'16"
	梧棲	120° 31'	＋0° 31'	＋2'04"
	沙鹿	120° 33'	＋0° 33'	＋2'12"
	龍井	120° 32'	＋0° 32'	＋2'08"
	大肚	120° 32'	＋0° 32'	＋2'08"
台中		120° 41'	＋0° 41'	＋2'44"
	太平	120° 43'	＋0° 43'	＋2'52"
	烏日	120° 37'	＋0° 37'	＋2'28"
	霧峰	120° 42'	＋0° 42'	＋2'48"
彰化縣	伸港	120° 29'	＋0° 29'	＋1'56"
	線西	120° 27'	＋0° 27'	＋1'48"
	和美	120° 29'	＋0° 29'	＋1'56"
彰化		120° 32'	＋0° 32'	＋2'08"
	鹿港	120° 26'	＋0° 26'	＋1'44"
	秀水	120° 30'	＋0° 30'	＋2'00"
	花壇	120° 32'	＋0° 32'	＋2'08"
	芬園	120° 37'	＋0° 37'	＋2'08"
	埔鹽	120° 28'	＋0° 28'	＋1'52"
	溪湖	120° 28'	＋0° 28'	＋1'52"
	埔心	120° 32'	＋0° 32'	＋2'08"
	員林	120° 34'	＋0° 34'	＋2'16"
	永靖	120° 32'	＋0° 32'	＋2'08"
	芳苑	120° 19'	＋0° 19'	＋1'16"
	二林	120° 22'	＋0° 22'	＋1'28"
	埤頭	120° 28'	＋0° 28'	＋1'52"
	田尾	120° 31'	＋0° 31'	＋2'04"
	北斗	120° 31'	＋0° 31'	＋2'04"
	田中	120° 35'	＋0° 35'	＋2'20"
	溪州	120° 29'	＋0° 29'	＋1'56"

全省各地方經度及時差一覽表				
地	名	(約)所站之經度(東經E)	與中原標準時間經度相距之度數	與中原標準時間應加減之時間
	大城	120° 19'	+0° 19'	+1'16"
	二水	120° 36'	+0° 36'	+2'24"
南投縣	國姓	120° 51'	+0° 51'	+3'24"
	埔里	120° 57'	+0° 57'	+3'48"
	草屯	120° 41'	+0° 41'	+2'44"
	南投	120° 41'	+0° 41'	+2'44"
	魚池	120° 56'	+0° 56'	+3'44"
	名間	120° 41'	+0° 41'	+2'44"
	集集	120° 47'	+0° 47'	+3'08"
	水里	120° 51'	+0° 51'	+3'24"
	竹山	120° 41'	+0° 41'	+2'44"
	信義	120° 51'	+0° 51'	+3'24"
雲林縣	西螺	120° 27'	+0° 27'	+1'48"
	二崙	120° 24'	+0° 24'	+1'36"
	莿桐	120° 29'	+0° 29'	+1'56"
	崙背	120° 21'	+0° 21'	+1'24"
	麥寮	120° 15'	+0° 15'	+1'00"
	林內	120° 36'	+0° 36'	+2'24"
	斗六	120° 32'	+0° 32'	+2'08"
	虎尾	120° 26'	+0° 26'	+1'44"
	褒忠	120° 18'	+0° 18'	+1'12"
	台西	120° 11'	+0° 11'	+0'44"
	東勢	120° 15'	+0° 15'	+1'00"
	土庫	120° 23'	+0° 23'	+1'32"
	斗南	120° 27'	+0° 27'	+1'48"
	元長	120° 17'	+0° 17'	+1'08"
	四湖	120° 13'	+0° 13'	+0'52"
	古坑	120° 33'	+0° 33'	+2'12"
	口湖	120° 10'	+0° 10'	+0'40"

全省各地方經度及時差一覽表				
地	名	(約)所站之經度 (東經E)	與中原標準時間 經度相距之度數	與中原標準時間 應加減之時間
	水林	120° 14'	＋0° 14'	＋0'56"
	北港	120° 18'	＋0° 18'	＋1'12"
嘉義縣	大林	120° 27'	＋0° 27'	＋1'48"
	溪口	120° 24'	＋0° 24'	＋1'36"
	梅山	120° 33'	＋0° 33'	＋2'12"
	民雄	120° 25'	＋0° 25'	＋1'40"
	新港	120° 20'	＋0° 20'	＋1'20"
	竹崎	120° 32'	＋0° 32'	＋2'08"
	六腳	120° 17'	＋0° 17'	＋1'08"
嘉義		120° 27'	＋0° 27'	＋1'48"
	東石	120° 08'	＋0° 08'	＋0'32"
	朴子	120° 14'	＋0° 14'	＋0'56"
	太保	120° 20'	＋0° 20'	＋1'20"
	吳鳳	120° 44'	＋0° 44'	＋2'56"
	水上	120° 24'	＋0° 24'	＋1'36"
	中埔	120° 31'	＋0° 31'	＋2'04"
	鹿草	120° 17'	＋0° 17'	＋1'08"
	布袋	120° 09'	＋0° 09'	＋0'36"
	義竹	120° 14'	＋0° 14'	＋0'56"
	大埔	120° 35'	＋0° 35'	＋2'20"
台南縣	後壁	120° 22'	＋0° 22'	＋1'28"
	白河	120° 24'	＋0° 24'	＋1'36"
	東山	120° 23'	＋0° 23'	＋1'32"
	鹽水	120° 15'	＋0° 15'	＋1'00"
	新營	120° 18'	＋0° 18'	＋1'12"
	北門	120° 07'	＋0° 07'	＋0'28"
	學甲	120° 10'	＋0° 10'	＋0'40"
	下營	120° 15'	＋0° 15'	＋1'00"
	六甲	120° 21'	＋0° 21'	＋1'24"

全省各地方經度及時差一覽表				
地	名	(約)所站之經度 (東經E)	與中原標準時間經度相距之度數	與中原標準時間應加減之時間
	隆田	120° 18'	＋0° 18'	＋1'12"
	官田	120° 20'	＋0° 20'	＋1'20"
	麻豆	120° 14'	＋0° 14'	＋0'56"
	將軍	120° 08'	＋0° 08'	＋0'32"
	佳里	120° 10'	＋0° 10'	＋0'40"
	楠西	120° 28'	＋0° 28'	＋1'52"
	玉井	120° 27'	＋0° 27'	＋1'48"
	大內	120° 21'	＋0° 21'	＋1'24"
	善化	120° 18'	＋0° 18'	＋1'12"
	安定	120° 14'	＋0° 14'	＋0'56"
	西港	120° 12'	＋0° 12'	＋0'48"
	七股	120° 07'	＋0° 07'	＋0'28"
	山上	120° 21'	＋0° 21'	＋1'24"
	新市	120° 17'	＋0° 17'	＋1'08"
	南化	120° 28'	＋0° 28'	＋1'52"
	左鎮	120° 24'	＋0° 24'	＋1'36"
	新化	120° 18'	＋0° 18'	＋1'12"
	永康	120° 15'	＋0° 15'	＋1'00"
台南		120° 12'	＋0° 12'	＋0'48"
	仁德	120° 15'	＋0° 15'	＋1'00"
	歸仁	120° 18'	＋0° 18'	＋1'12"
	關廟	120° 19'	＋0° 19'	＋1'16"
	龍崎	120° 22'	＋0° 22'	＋1'28"
高雄縣	三民	120° 42'	＋0° 42'	＋2'48"
	甲仙	120° 34'	＋0° 34'	＋2'16"
	茄萣	120° 11'	＋0° 11'	＋0'44"
	湖內	120° 12'	＋0° 12'	＋0'48"
	路竹	120° 15'	＋0° 15'	＋1'00"
	阿蓮	120° 19'	＋0° 19'	＋1'16"

全省各地方經度及時差一覽表				
地 名		(約)所站之經度 (東經E)	與中原標準時間 經度相距之度數	與中原標準時間 應加減之時間
	內門	120° 27'	＋0° 27'	＋1'48"
	杉林	120° 32'	＋0° 32'	＋2'08"
	六龜	120° 28'	＋0° 28'	＋1'52"
	美濃	120° 32'	＋0° 32'	＋2'08"
	旗山	120° 28'	＋0° 28'	＋1'52"
	田寮	120° 25'	＋0° 25'	＋1'40"
	永安	120° 13'	＋0° 13'	＋0'52"
	彌陀	120° 14'	＋0° 14'	＋0'56"
	梓官	120° 16'	＋0° 16'	＋1'04"
	岡山	120° 18'	＋0° 18'	＋1'12"
	燕巢	120° 22'	＋0° 22'	＋1'28"
	橋頭	120° 18'	＋0° 18'	＋1'12"
	大社	120° 21'	＋0° 21'	＋1'24"
	仁武	120° 21'	＋0° 21'	＋1'24"
	鳥松	120° 22'	＋0° 22'	＋1'28"
	大樹	120° 25'	＋0° 25'	＋1'40"
高雄		120° 17'	＋0° 17'	＋1'08"
鳳山		120° 21'	＋0° 21'	＋1'24"
	小港	120° 20'	＋0° 20'	＋1'20"
	林園	120° 34'	＋0° 34'	＋1'36"
屏東縣	高樹	120° 35'	＋0° 35'	＋2'20"
	里港	120° 30'	＋0° 30'	＋2'00"
	鹽埔	120° 34'	＋0° 34'	＋2'16"
	九如	120° 29'	＋0° 29'	＋1'56"
	三地	120° 39'	＋0° 39'	＋2'36"
	長治	120° 32'	＋0° 32'	＋2'08"
屏東		120° 29'	＋0° 29'	＋1'56"
	麟洛	120° 31'	＋0° 31'	＋2'04"
	內埔	120° 34'	＋0° 34'	＋2'16"

全省各地方經度及時差一覽表				
地　　名		(約)所站之經度 (東經E)	與中原標準時間經度相距之度數	與中原標準時間應加減之時間
	竹田	120° 32'	＋0° 32'	＋2'08"
	萬丹	120° 29'	＋0° 29'	＋1'56"
	潮州	120° 32'	＋0° 32'	＋2'08"
	新園	120° 27'	＋0° 27'	＋1'48"
	南州	120° 30'	＋0° 30'	＋2'00"
	東港	120° 27'	＋0° 27'	＋1'48"
	新埤	120° 33'	＋0° 33'	＋2'12"
	林邊	120° 30'	＋0° 30'	＋2'00"
	佳冬	120° 32'	＋0° 32'	＋2'08"
	枋寮	120° 35'	＋0° 35'	＋2'20"
	枋山	120° 39'	＋0° 39'	＋2'36"
	牡丹	120° 46'	＋0° 46'	＋3'04"
	車城	120° 43'	＋0° 43'	＋2'52"
	滿州	120° 50'	＋0° 50'	＋3'20"
	恆春	120° 44'	＋0° 44'	＋2'56"
花蓮縣	新城	121° 39'	＋1° 39'	＋6'36"
	秀林	121° 37'	＋1° 37'	＋6'28"
	花蓮	121° 36'	＋1° 36'	＋6'24"
	吉安	121° 33'	＋1° 33'	＋6'12"
	壽豐	121° 30'	＋1° 30'	＋6'00"
	鳳林	121° 36'	＋1° 36'	＋6'24"
	光復	121° 25'	＋1° 25'	＋5'40"
	豐濱	121° 31'	＋1° 31'	＋6'04"
	瑞德	121° 22'	＋1° 22'	＋5'28"
	玉里	121° 18'	＋1° 18'	＋5'12"
	富星	121° 14'	＋1° 14'	＋4'56"
	卓溪	121° 17'	＋1° 17'	＋5'08"
澎湖縣	白沙	119° 35'	－0° 25'	－1'40"
	湖西	119° 39'	－0° 21'	－1'24"

全省各地方經度及時差一覽表				
地	名	(約)所站之經度(東經E)	與中原標準時間經度相距之度數	與中原標準時間應加減之時間
	馬公	119° 33'	－0° 27'	－1'48"
	望安	119° 29'	－0° 31'	－2'04"
	七美	119° 25'	－0° 35'	－2'20"
台東縣	成功	121° 22'	＋1° 22'	＋5'28"
	池上	121° 12'	＋1° 12'	＋4'48"
	海瑞	121° 10'	＋1° 10'	＋4'40"
	關山	121° 09'	＋1° 09'	＋4'36"
	月眉	121° 08'	＋1° 08'	＋4'32"
	河東	121° 18'	＋1° 18'	＋5'12"
	延平	121° 04'	＋1° 04'	＋4'16"
	鹿野	121° 07'	＋1° 07'	＋4'28"
	卑南	121° 05'	＋1° 05'	＋4'20"
	馬蘭	121° 07'	＋1° 07'	＋4'28"
	台東	121° 08'	＋1° 08'	＋4'32"
	大武	121° 24'	＋1° 24'	＋5'36"

另外，為了不剝削各位於研習上之認知權利，筆者特將一般通書上所介紹古代記時的方法（即「漏滴器計時法」）於后供作參考。

日干	戊癸日	夜子	早子	甲己日	夜子	早子	乙庚日	夜子	早子	丙辛日	丁壬日	戊癸日	甲己日
時	辛酉 壬戌 癸亥	甲子 乙丑 丙寅 丁卯 戊辰 己巳 庚午 辛未 壬申 癸酉 甲戌 乙亥	丙子	丁丑 戊寅 己卯 庚辰 辛巳 壬午 癸未 甲申 乙酉 丙戌 丁亥	戊子	己丑 略 戊戌 己亥	庚子	辛丑 略 庚戌 辛亥	壬子	癸丑 甲寅 略 壬戌 癸亥	甲子	乙丑時	

由左方之示意即可明瞭早子時與夜子時之天干也。

古今時刻對照例

時辰	四刻	刻	刻	古時刻	今時刻
亥時	下四刻			正三刻十四分	廿二時五十九分
夜子時前日管局	上四刻	一刻	一刻	初初刻	廿三時○分
				初初刻一分	廿三時一分
				初初刻十四分	廿三時十四分
		二刻	二刻	初一刻	廿三時十五分
				初一刻一分	廿三時十六分
				初一刻十四分	廿三時廿九分
		三刻	三刻	初二刻	廿三時三十分
				初二刻一分	廿三時卅一分
				初二刻十四分	廿三時四十四分
		四刻	四刻	初三刻	廿三時四十五分
				初三刻一分	廿三時四十六分
				初三刻十四分	廿三時五十九分
子正 早子時今日管局	下四刻	五刻	一刻	正初刻	○時○分
				正初刻一分	○時一分
				正初刻十四分	○時十四分
		六刻	二刻	正一刻	○時十五分
				正一刻一分	○時十六分
				正一刻十四分	○時廿九分
		七刻	三刻	正二刻	○時三十分
				正二刻一分	○時卅一分
				正二刻十四分	○時四十四分
		八刻	四刻	正三刻	○時四十五分
				正三刻一分	○時四十六分
				正三刻十四分	○時五十九分
丑時	上四刻	一刻	一刻	初初刻	一時○分
				初初刻一分	一時一分
				初初刻十四分	一時十四分
		二刻	二刻	初一刻	一時十五分
				初一刻一分	一時十六分
				初一刻十四分	一時廿九分
		三刻	三刻	初二刻	一時三十分
				初二刻一分	一時卅一分
				初二刻十四分	一時四十四分
		四刻	四刻	初三刻	一時四十五分
				初三刻一分	一時四十六分
				初三刻十四分	一時五十九分
丑正	下四刻	五刻	一刻	正初刻	二時○分
				正初刻一分	二時一分
				正初刻十四分	二時十四分
		六刻	二刻	正一刻	二時十五分
				正一刻一分	二時十六分

(1)漏滴器上刻有一百個記號「百刻」，視為一日十二個時辰。所以每一時辰有八大刻二小刻，如此十二時辰就共有九十六大刻、二十四小刻，合計有一百刻。

（一大刻含有六小刻）

(2)每一時辰之上半時辰有四大刻、一小刻。分別定名為：

第一大刻名「初初」。

第二大刻名「初一」。

第三大刻名「初二」。

第四大刻名「初三」。

另一小刻名「初四」。

(3)每一時辰之下半時辰亦有四大刻、一小刻。分別定名為：

第一大刻為「正初」。

第二大刻為「正一」。

第三大刻為「正二」。

第四大刻為「正三」。

另一小刻名為「正四」。

（命理時辰與平均太陽時對照表）

平均太陽時	命理時辰
23～01	子
01～03	丑
03～05	寅
05～07	卯
07～09	辰
09～11	巳
11～13	午
13～15	未
15～17	申
17～19	酉
19～21	戌
21～23	亥

二、節氣

(1)　二十四節氣

「節氣」一名，若依理論而言，它是根據著地球繞太陽的關係而定論；若是依俗謂則是以便利農事起見而設定，因為我國一向是「以農立國」的。

《天文日曆》中央氣象局編印，其中有關「節氣」一段之解釋記載如下：

「地球繞日運行，周而復始。地球在軌道上運行到什麼位置，不得而知。於是古代天文家想出觀測太陽在天球上黃道的黃經度，就可以反映出地球的所在。如果比喻地球軌道是一條環形道路，那麼「節氣」就好比是道路上的里程標誌。地球到了什麼節氣，其氣候各有不同；是因為地球繞日時，其自轉軸傾斜著運行，**赤道與黃道面成二十三點五度的交角（即「磁偏角」）**。所以地球兩極，常以半年對日光、半年背日光，其他地方則隨距赤道緯度高低，而所受日光各有多寡，形成一年四季不同的氣候。因此「節氣」的名稱，就是指示一年中氣候寒暑的變化，以及農民耕耘播種的時期。

我國古代節氣的時刻，係按一年時間平分，每一節氣相當一年的二十四分之一，亦即十五點二二天稍差，叫做「平節氣」。但自清朝以後，改用太陽視黃經為準，每隔黃經十五度，定一節氣，叫做「定節氣」（見後附表）。則每一節氣時間並不平分。

我國春、夏、秋、冬四季的起始，是以立春、立夏、立秋、立冬為準。西洋則以春分、夏至、秋分、冬至為準。在時間上，我國比西洋的季節提早了一個月半。農曆一年不足三百六十五天，使農曆能夠和季節相吻合，每十九年必須加入七個『閏月』。加閏方法，以不含中氣，或只含一個節氣的朔望月為閏月。」

所以節氣無論在農曆或國曆裡，都作了很重要的地位。

《天文日曆》一九八四年二十四節氣表

中華民國七十三年節氣		東經120度平時				
節氣	意義	太陽黃經度	時刻			
			月	日	時	分
小寒	氣候稍寒。	285度	1	6	11	41
大寒	氣候嚴寒。	300度	1	21	5	5
立春	春季開始。	315度	1	4	23	19
雨水	春雨綿綿。	330度	2	19	19	16
驚蟄	蟲類冬眠驚醒。	345度	3	5	17	25
春分	太陽過赤道，晝夜平分。	0度	3	20	18	24
清明	春暖花開，景色清明。	15度	4	4	22	22
穀雨	農民佈穀後望雨。	30度	5	20	5	38
立夏	夏季開始。	45度	5	5	15	51

小滿	稻穀行將結實。	60度	5	21	4	58
芒種	稻穀成穗。	75度	6	5	20	9
夏至	太陽到達赤道最北，晝長夜短。	90度	6	21	13	2
小暑	氣候稍熱。	105度	7	7	6	29
大暑	氣候酷暑。	120度	7	22	23	58
立秋	秋季開始。	135度	8	7	16	18
處暑	暑氣漸消。	150度	8	23	7	0
白露	夜涼，水氣凝結成露。	165度	9	7	19	10
秋分	太陽過赤道，晝夜平分。	180度	9	23	4	23
寒露	夜寒，露水將凝結成霜。	195度	10	0	10	43
霜降	露結成霜。	210度	10	23	13	46
立冬	冬季開始。	225度	11	7	13	45
小雪	氣候寒冷，逐漸降雪。	240度	11	22	11	11
大雪	大雪紛飛。	255度	12	7	6	28
冬至	太陽到達赤道最南，晝短夜長。	270度	12	22	0	23

看完了上述有關解說與圖表，相信對於「節氣」應該有所認識了吧！其實「節氣」是為一「節」、一「氣」之總稱，每個月均有一節與一氣，故合為「二十四節氣」。那其配屬於十二月份之情形又如何呢？茲分別介紹如下：（始：起始。中：過程。終：結束。）

寅月——始立春，中雨水，終驚蟄。節：立春。氣：雨水。

卯月——始驚蟄，中春分，終清明。節：驚蟄。氣：春分。

辰月——始清明，中穀雨，終立夏。節：清明。氣：穀雨。

巳月——始立夏，中小滿，終芒種。節：立夏。氣：小滿。

午月——始芒種，中夏至，終小暑。節：芒種。氣：夏至。

未月——始小暑，中大暑，終立秋。節：小暑。氣：大暑。

申月——始立秋，中處暑，終白露。節：立秋。氣：處暑。

酉月——始白露，中秋分，終寒露。節：白露。氣：秋分。

戌月——始寒露，中霜降，終立冬。節：寒露。氣：霜降。

亥月——始立冬，中小雪，終大雪。節：立冬。氣：小雪。

子月——始大雪，中冬至，終小寒。節：大雪。氣：冬至。

丑月——始小寒，中大寒，終立春。節：小寒。氣：大寒。

另便於各位記憶背誦，茲將古之「節氣歌」附錄參考：

「正月立春雨水節。二月驚蟄及春分。

三月清明併穀雨。四月立夏小滿方。

五月芒種及夏至。六月小暑大暑當。

七月立秋還處暑。八月白露秋分忙。

九月寒露又霜降。十月立冬小雪張。

子月大雪冬至節。丑月小寒大寒昌。」

（**註**：歌訣中子月代表十一月，丑月代表十二月。此係依據現行之命理曆法（農曆）——「建寅曆」而定。此「建寅曆」法自漢武帝改正恢復且延用至今，已近二千多年了。）

以上節氣的理論，不但是命理學有應用，民間習俗之應用更是常見，如四季的畫分：以立春定為每年的開始，春天的來臨；立夏為夏天的開始；立秋為秋天的開始；立冬為冬天的開始。再者，因為我國為「以農立國」的背景，故氣候、時節變化的種種資訊與感觸，均較為來的敏感與注重，如〈十二節入歌訣〉所闡述的：

(1)立春：元旦晴雲光霽天，最喜立春晴一日；

雨雪霏霏是豐年，農夫不用力耕田。

(2)驚蟄：驚蟄雷鳴未足寄，自內相逢三卯日；
春分有雨病人稀，豆麥田蠶處處宜。

(3)清明：風雨相逢初一頭，清明風若從南起；
只愁人民疾病愁，定主田禾大有收。

(4)立夏：立夏東風熟稻禾，鳴雷甲子庚辰日；
時逢初八果成多，定主蝗蟲損稻禾。

(5)芒種：端陽有雨是豐年，夏至風從西北起；
芒種逢雷美亦然，瓜蔬園內受煞煎。

(6)小暑：三伏之中逢酷熱，此時若不逢災厄；
五穀田中秋下結，定是三冬為雨雪。

（註：三伏者：夏至後第三個庚日，為初伏或稱頭伏。第四個庚日為中伏。立秋後第一個庚日為末伏。俗謂「熱在中伏，冷在三九」。）

(7)立秋：立秋無雨最堪悲，處暑若逢天下雨；
萬物從來只半收，縱然結實也悲憂。

(8)白露：秋分天氣白雲多，只怕此日雷電閃；
處處歡聲歌好禾，冬來米價貴如何。

(9)寒露：初一霜飛侵害民，月中紅色人多病；
重陽無雨一冬晴，更遇雷鳴米價增。

(10)立冬：立冬之日怕逢壬，此日更逢壬子日；
來歲高田枉用心，人民又受病災臨。

(11)大雪：初一西風盜賊多，冬至天陰無日色；
更兼大雪災有魔，來年定唱太平歌。

(12)小寒：朔月西風六畜災，最喜大寒無雨雪；
綿絲五穀總成堆，太平公歌賀相慶。

當然，除了以上所記載介紹的資料外，更有依月依日氣候變化的現象，所整理的寶貴經驗，此即俗謂的「農諺」，但因其內容繁瑣且複雜，所以只好請各位讀者自行去翻閱查詢。

再者，命理學上應用「節氣」所演繹出的理論，還有所謂的「置閏」，以及「五行用事」的問題，茲分別介紹敘述於后章節。

(2) 置閏

「置閏」，也就是推閏月的問題，這是陰曆（農曆）曆法中所獨有的現象，但陽曆就沒有此項的困擾。因此吾師林縱先生就曾於其大著《命理解析》中提及，以「陽曆」擇日的觀點與概念，內容詳實，見解獨到且精闢，足堪以現今擇日學家作為參考與改進之處。

陰曆「置閏」的觀點是源由於節氣與太陰朔望的關係而來，如古籍《三才發秘》所云：

「夫歲者，因太陽南北升降，東西旋轉，所由定也。太陽每周轉，而列宿左進一度，凡三百六十五轉，四分轉之一，而列宿復原會之所，都與升降之氣合，謂之一歲。故一歲定為三百六十五日，四分日之一。

夫年者，以十二月而定四時者也。太陰每日不及太陽十二度有餘，遲二十九日五零，而復退與日會，謂之一月。每十二月，實止三百五十四日，當不及歲十日有零。但四財生殺之機，悉由歲氣而然，非從年月也。凡曆三十四月，都差二十九日有零，將此二十九日零閏去，方與歲運合，則四時生長收藏之機，原與二十四氣相配合者也。不然，則寒暑貿易，四時舛錯，九年後而夏為春，再九年而秋亦為春矣，生旺收藏，豈能合於四時乎？故聖人置閏，原以齊歲日也。」

置閏的「閏」字有多餘，加進或納入的意義，為什麼會有如此矛盾的解釋呢？因為，「置閏」就是將每月月亮繞地球，以及地球繞太陽一週所差的十餘日（即前文中所說的：「凡曆三十四月，都差二十九日有零」。）閏去。

簡單地說，就是以地球繞太陽公轉加自轉之運行過程中，月亮所追趕不上的時日，由人們自行補上「虛度」一月。但實質上，它又確實的存在。

基於上述之解釋與計算，故每隔三年須置一「閏月」，又再將尚餘之三、四日不等之時日，隔二年約餘二十五、六日不等之時日，又可再置一月。如此平均的推算每十九年須置七閏。

「閏月」之於節氣而言，它是一個「有節無氣」的月份，因此，對於出生「閏月」之命造，其命式之排法就得非常的小心與注意，否則即有相差一月之虞。當然，於論斷上，一定也會出現誤差與不準確的現象。

(3) 五行用事

五行者，金木水火土是也。用事之意，即是權威與功效。簡言之，五行用事即是依五行各有其在一定時期內，所能發揮的權威與靈動力而言。這就好比一個學醫

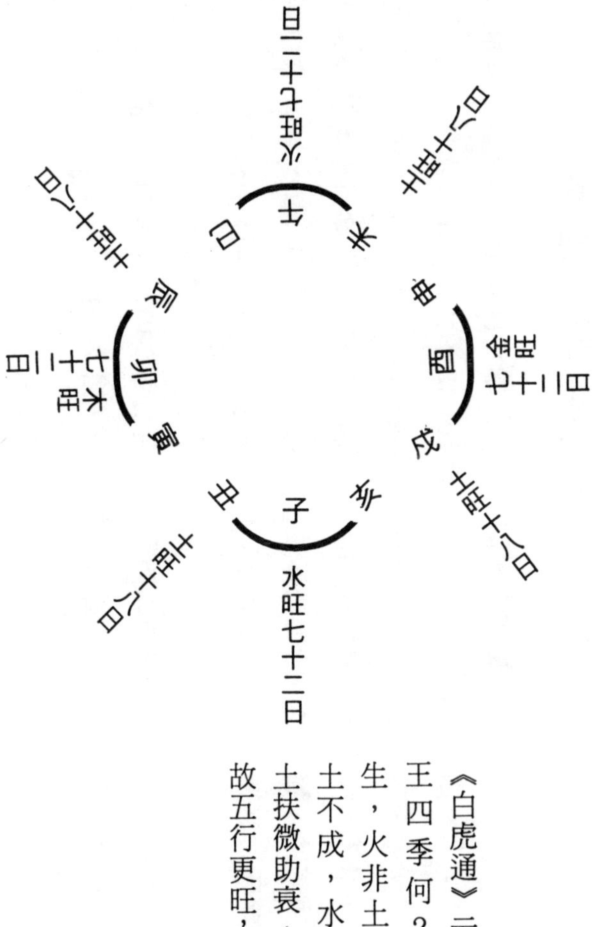

《白虎通》云：「土所以王四季何？木非土不生，火非土不榮，金非土不成，水非土不高，土扶微助衰，歷成其道。故五行更旺，亦須土也。」

的人，若依其專業知識去行醫，必能得濟世救人之效能；若是叫他去蓋房子，結果如何，相信不用多說，各位定可明白。而五行用事之意義即是如此，所謂「工欲善其事，必先利其器」是也。

在前面章節已介紹過，天干與地支亦有其各自之五行所屬，因此，不論是天干或是地支，其五行用事的界定，當然就得遵守原則性的規範，此規範即是依據著前節所介紹的「節氣」，而予以分時令（四季）定之。如《歷例》云：「立春木、立夏火、立秋金、立冬水，各旺七十二日，土於四立之前，各旺一十八日，合之亦為七十二日，總計三百有六十日，而歲成矣。」《神樞經》曰：「五行旺各有時，惟土屬無定所，乃於四立之前各旺一十八日。」如圖示：

(4) 五行四時之旺相休囚死

五行「旺、相、休、囚、死」的現象，其實就是在解釋：五行於各時令或月建中所能發揮呈顯之靈動力。這就好比水的三態變化一樣。在室溫時，呈顯液態的水；在高低時，呈顯氣態之水氣；在低溫時，呈顯固態的冰。

至於為什麼要訂定如此繁雜的名目，其主要的目的不過是給推算命運者一個較為簡單且具體的模式而已。如《五行大義》所舉的例子，云：「凡當王之時，皆以子為相者，以其子方旺，能助治事。父母為休者，以其子當王氣正盛，父母衰老，不能治事，如堯老禪舜，委以國政也。所剋者、死者，以其身王能制殺之。所畏為囚者，以其子為相，能囚敵也。」

其實，五行之旺相休囚死，就是五行與時令間：我（當令旺）、我生（相）、我剋（死）、剋我（囚）、生我（休）的關係而已。茲將其相關資料列表參考：

五行＼四時	春	夏	秋	冬	季
木	旺	休	死	相	囚
火	相	旺	囚	死	休
土	死	相	休	囚	旺
金	囚	死	旺	休	相
水	休	囚	相	旺	死

看完了以上所述之內容，如果各位還是不甚明白，筆者特再摘錄《三命通會》

中相關之解釋資料，如下云：

「盛德乘時曰王，如春木王，王則生火，火乃木之子（木生火），子承父業，故火『相』。木用水生，生我者父母，今子嗣得時，登高明顯赫之地，而生我者知退矣（退休），故水『休』；休者，美之至極，休休然無事之義（功成身退）。火能剋金，金乃木之鬼，被火剋制，不能施設故金『囚』。火能生土，土為木之財，財為隱藏之物，草木叢生，土氣散漫，所以春木剋土則『死』。夏火旺，火生土則土相，木生火則木休，水剋火則水囚，火剋金則金死。季土旺，土生金則金相，火生土則火休，木剋土則木囚，土剋水則水死。秋金旺，金生水則水相，土生金則土休，火剋金則火囚，金剋木則木死。冬水王，水生木則木相，金生水則金休，土剋水則土囚，水剋火則火死。觀夏月大旱，金石流，水土焦，六月暑氣增，寒氣滅；秋月金勝，草木黃落；冬月大寒大冷，水結冰凝，火氣頓滅；其旺其死，概可見矣！

蓋四時之氣，節滿即謝，五行之性，功成必覆。故陽極而降，陰極而升；日中則昃，月盈則虧，此天之常道也。

人生天地，勢積必損，財聚必散，年壯反衰，樂極反悲，此人之常情也。故一盛一衰，或得或失，榮枯進退，難逃此理也。」

(5) 十二長生運

十二長生運，可說是命理學上，另一種對於事物發展歷程所展現意象之解釋。然而，由於天干本身之氣清且純，所以此理論均是配合著地支、時令與月建綜而演繹。因此，於內容上會呈現較為複雜的一面，但基於其實際應用的重要性，故還望各位讀友能細心且耐心地研讀與領悟體會。尤其是「支藏干」的部份。

①何謂「十二長生運」？

「十二長生運」就是命理學上記錄事物發展歷程中，各階段所呈顯現象的抽象代名詞，它是一種循環的、週期性的徵象，就如同「日出月落，月出日落」之自然現象原則。有了以上的認識後，接著即將此十二個階段之意象闡述如下：

(1)**長生**：代表著一種氣的「始現」。就如同一個嬰兒誕生的意象。

(2)**沐浴**：代表著一種「除舊佈新」的氣象。如同嬰兒出生後的第一件事，就是要沐浴洗去自母腹中所帶之污垢與穢物。

(3)**冠帶**：代表著成長過程的一種「去稚成熟」之徵象。就如同古時候男子十八歲要行冠帶禮一般。

⑷**臨官**：代表著要接受環境考驗之徵象。如同我們學業完成就得踏入社會服務一般。

⑸**帝旺**：代表著一種氣之「極旺點」徵象。如同我們踏入社會後之事業顛峰期。

⑹**衰**：代表著「陽極陰生，陰極陽生」之氣數轉變徵象。如同我們的體力與精力開始走下坡一般。

⑺**病**：代表著一種「障礙」、一種「無力感」、一種「遺憾」。如同我們體弱力衰時，身體上就經常會出現病態之現象。

⑻**死**：代表著一種「氣竭」之徵象。

⑼**墓**：代表著造物收藏，而各歸其所之象。

⑽**絕**：代表著氣盡又氣再續之靈動起始徵象。

⑾**胎**：代表著氣之凝聚且發端之靈動。

⑿**養**：代表著氣之培養。如人類之懷胎十月，方有生子之現象。

大凡自然界之萬物其發展的歷程，大體上與人類相似，另宗教界中亦有所謂「人世輪迴」的說法。因此，對於此十二長生運的理論，尤其是其中所蘊藏的概念，各位不妨多花些心思去探討一下。為使各位讀友多些資料可供參考，筆者特選古籍中之相關資料摘錄於下：

——《三命通會》——

五行寄生十二宮：

一曰受氣，又曰絕、曰胞。以萬物在地中，未有其象，如母腹空未有物也。

二曰受胎。天地氣交，氤氳造物，其物在地中萌芽，始有其氣，如人受父母之氣也。

三曰成形。萬物在地中成形，如人在母腹成形也。

四曰長生。萬物發生向榮，如人始生而向長也。

五曰沐浴，又曰敗。以萬物始生，形體柔脆，易為所損，如人生後三日，以沐浴之，幾至困絕也。

六曰冠帶。萬物漸榮秀，如人具衣冠也。

七曰臨官。萬物既秀實，如人之臨官也。

八曰帝旺。萬物成熟，如人之興旺也。

九曰衰。萬物形衰、如人之氣衰也。

十曰病。萬物病，如人之病也。

十一曰死。萬物死，如人之死也。

十二曰墓，又曰庫。以萬物成功而藏之庫，如人之終歸墓也。（此為「物質不滅定律」）

歸墓則又受氣包胎而生。

凡推造化，見生旺者，未必便作吉論；見休囚死絕，未必便作凶言。如生旺太過，宜乎制伏，死絕不及，宜乎生扶，妙在識其通變。

古以胎、生、旺、庫為四貴；死、絕、病、敗為四忌，餘為四平，亦大概而言之。

②十干五行配十二支之強弱說

十天干流行於十二地支月各有其不同程度的展現，其因皆出於陰陽屬性的關係。如《子平真詮》釋云：「陽主聚，以進為進，故主順；陰主散，以退為進，故主逆。此長生沐浴等，所以有陰陽順逆之殊也。四時之運，成功者退，待用者進，故每干流行於十二支，而生旺死絕又有一定，陽之所生，即陰之所死，彼此互換，自然之運也。」

其實，「陰生陽死、陽生陰死」的概念，只不過是在言一種「氣機」的現象而已，至於古籍理論硬要附會於如甲乙木陰陽生死之論述，實是有待商榷之處。先賢陳相國素庵先生就在其著作《命理約言》中，亦反對此一理論概念，而認為「陰陽應同生同死」，不可歧分而為二。這實在是很正確的概念，就拿人來作譬喻吧！「陽生陰死、陰生陽死」的現象可能成立嗎？

儘管如此，古論亦有其依據之理，各位不妨依所習學，或是經驗所得而斟酌應用。以下茲將古論內容條例並圖示供作參考。

甲木：長生於亥、沐浴於子、冠帶於丑、帝旺於卯、衰於辰、病於巳、死於午、墓於未、絕於申、胎於酉、養於戌。

乙木：長生於午、沐浴於巳、冠帶於辰、臨官於卯、帝旺於寅、衰於丑、病於子、死於亥、墓於戌、絕於酉、胎於申、養於未。

丙火：長生於寅、沐浴於卯、冠帶於辰、臨官於巳、帝旺於午、衰於未、病於申、死於酉、墓於戌、絕於亥、胎於子、養於丑。

丁火：長生於酉、沐浴於申、冠帶於未、臨官於午、帝旺於巳、衰於辰、病於卯、死於寅、墓於丑、絕於子、胎於亥、養於戌。

戊土：長生於寅、沐浴於卯、冠帶於辰、臨官於巳、帝旺於午、衰於未、病於申、死於酉、墓於戌、絕於亥、胎於子、養於丑。

己土：長生於酉、沐浴於申、冠帶於未、臨官於午、帝旺於巳、衰於辰、病於卯、死於寅、墓於丑、絕於子、胎於亥、養於戌。

庚金：長生於巳、沐浴於午、冠帶於未、臨官於申、帝旺於酉、衰於戌、病於亥、死於子、墓於丑、絕於寅、胎於卯、養於辰。

辛金：長生於子、沐浴於亥、冠帶於戌、臨官於酉、帝旺於申、衰於未、病於午、死於巳、墓於辰、絕於卯、胎於寅、養於丑。

壬水：長生於申、沐浴於酉、冠帶於戌、臨官於亥、帝旺於子、衰於丑、病於寅、死於卯、墓於辰、絕於巳、胎於午、養於未。

癸水：長生於卯、沐浴於寅、冠帶於丑、臨官於子、帝旺於亥、衰於戌、病於酉、死於申、墓於未、絕於午、胎於巳、養於午。

圖示：

十天干陰陽五行順逆生死圖示

地支	甲	丙	戊	庚	壬	乙	丁	己	辛	癸
巳	病	臨官	臨官	長生	絕					
午	死	帝旺	帝旺	臨官	胎	長生	臨官	臨官	病	絕
未	墓	衰	衰	冠帶	養	養	冠帶	冠帶	衰	墓
申	絕	病	病	臨官	長生	胎	沐浴	沐浴	帝旺	死
辰	衰	冠帶	冠帶	養	墓	冠帶	衰	衰	墓	養
酉	胎	死	死	帝旺	沐浴	絕	長生	長生	臨官	病
卯	帝旺	沐浴	沐浴	胎	死	臨官	病	病	絕	長生
戌	養	墓	墓	衰	冠帶	墓	養	養	冠帶	衰
寅	臨官	長生	長生	絕	病	帝旺	死	死	胎	沐浴
丑	冠帶	養	養	墓	衰	衰	墓	墓	養	冠帶
子	沐浴	胎	胎	死	帝旺	病	絕	絕	長生	臨官
亥	長生	絕	絕	病	臨官	死	胎	胎	沐浴	帝旺

第四章　地支藏天干

三才者，天、地、人是也。古經文曰：

「太極還未分離的時候，天、地、人三者的才能均包含在其中，叫做『渾沌』。太極分離以後，輕清的上升為天的氣象，重濁的下降為地的形象，人在其中合天地的形氣。所以天地的才能可與人道相應。」

《易經・繫辭下傳》對此三才的意義闡釋的更為清楚且貼切，其云：「易之為書也，廣大悉備。有天道焉、有人道焉、有地道焉，兼三才而兩之故六。六者非它也，三才之道也。道有變動，故曰『爻』，爻有等，故曰『物』，物相雜，故曰『文』，文不當，故吉凶生焉。」

一、地支藏天干之意義

「支『藏』干」中的「藏」字，原就具有隱性、不明顯的意象，若是依據此種理念而演繹，現代術語中之「潛意義」一詞，可說是完全符合其真正的意義。再加上由於「潛意識」一詞本身就是抽象的意義，無怪乎不論是現代的科學，或醫學也無法對其下一個完整且具體的定義，更何況乎古之命學理論呢？因此，各位不妨查閱坊間有關八字命理的書籍，對於此「支藏干」理論之釋義，大多不是照著古籍抄錄，就是支吾其詞，隱晦不明。

再者，為何僅用「支藏干」的理論，而沒有「干藏支」的論調呢？簡單地說，自然界中可擔任「生」的工作者，只有陰性之體，而地支即代表著「陰」的意象。對於這種解說，可能有人會質疑：那有這麼簡單？當然，若是要引經據典、旁徵佐證的話，相信不但解釋的人會落個「口吐白沫」的下場，而聽的人更會有「眼球蹦出分三層」一臉茫然且迷惑的現象。俗諺中有句很貼切形容的話，就是「脫了褲子放屁」，即是最佳的寫照。

所以，「支藏干」的靈動力，就宛如一顆不定時的炸彈一般，不知何時，只要逮著了時機即可引爆。它的威力若是引進命學理論而言，可是對吾人一生運途之吉凶禍福有著深切且遠大的關係。因此，希望各位讀友千萬不要因為其複雜難明而忽視它，或者甚至根本摒棄不用，若果真有如此情形，筆者敢保證，日後後悔的一定是您閣下了。

二、支藏干理論說法

「支藏干」理論的關鍵點，主要是在討論「成份佔有率的權效」問題，這種情形就好像我們在探討「血型遺傳基因」的發生率一般，但卻沒有如其具有深厚的理論依據，故而導致現今眾說分歧不一之現象。

當然其中之對與錯亦屬見仁見智的問題，最重要的還是實務上的實用性，這一點就不是僅能以理論即可套用矇混的。因此，本節不但將古法的內容介紹敘述，更且提供一些新法的理論觀點，以提供各位於研習上之比較與參考。

(1) 古籍「支藏干」理論

古歌訣附錄如左：

「子宮癸水在其中。丑癸辛金己土同。
寅宮甲木兼丙戊。卯宮乙木獨相逢。
辰藏乙戊三分癸。巳中庚金丙戊叢。

午宮丁火並己土。未宮乙己丁共宗。
申位庚金壬水戊。酉宮辛字獨豐隆。
戌宮辛金及丁戊。亥藏壬申是真蹤。」

整理如次：

子藏癸
丑藏癸、辛、己。
寅藏甲、丙、戊。
卯藏乙、辰。
辰藏乙、戊、癸。
巳藏庚、丙、戊。
午藏丁、己。
未藏乙、己、丁。
申藏庚、壬、戊。
酉藏辛。
戌藏辛、丁、戊。

亥藏壬、甲。

本理論是延續前章所介紹的干支陰陽五行順逆生旺死絕之概念而演繹，所以各位不妨先 Run 一遍前章的理論內容，然後再來理解本部份所介紹的理論觀點。如此相信一定能夠很快地前後連貫，且發現找出其中之疑點與缺失。

《蠡海集》王逵云：「地枝內所藏天幹者：子午卯酉為四極，寄四祿焉；辰戌丑未為四藏，寓四墓焉，故此八枝，各藏一陰。寅申巳亥為四開闔，就生四祿焉，故各藏二陽，戊藏於辰戌，己藏於丑未，陰陽各歸其所。戊藏於巳，己藏於午，則亦就寄祿而藏焉。

按枝藏之五行，以孟仲季區別之。其義有三：

四孟者，乃陽幹長生，臨官寄臨之所也。

寅為丙戊之長生，又為甲之臨官，故丙火、戊土、甲木寓焉。

巳為庚之長生，又為丙戊之臨官，故庚金、丙火、戊土寓焉。

申為戊壬之長生，又為庚之臨官，故戊土、壬水、庚金寓焉。

亥為甲之長生，又為壬之臨官，故甲木、壬水寓焉。

四仲者，乃陰幹臨官寄臨之所也。

子為癸之臨官，故癸水寓焉。

卯為乙之臨官，故乙木寓焉。

午為丁己之臨官，故丁火、己土寓焉。

酉為辛之臨官，故辛金寓焉。

四季者，乃陰幹陽幹冠帶，墓寄臨之所也。

丑為癸之冠帶、金之墓，又為己之墓，故癸水、辛金、己土寓焉。

辰為乙戊之冠帶，又為水之墓，故乙木、戊土、癸水寓焉。

未為丁己之冠帶，又為木之墓，故丁火、己土、乙木寓焉。

戌為辛之冠帶、火之墓，又為戊土之墓，故辛金、丁火、戊土寓焉。

《考原》云：『金長生於巳，故丑可為辛金之墓。水長生於申，故辰可為癸水之墓。木長生於亥，故未可為乙木之墓。火長生於寅，故戌可為丁火之墓也』」。文中之四孟：寅、申、巳、亥；四季：辰、戌、丑、未，均各藏三物，是謂之「雜氣」。而四仲：子、午、卯、酉中，各藏一物，是謂之「專氣」。另再基於八字命理學理論認為「火土同長生」，故有己土附丁火而生，戊土附丙火而生之結論。

再者，寅申巳亥辰戌丑未諸支，皆各藏三物，其一為「本氣」，而餘之二物為他宮之「餘氣」。所謂「餘氣」，即前月月令所延餘之氣也。另除了本氣外，尚有二干暗藏，故共有三氣，所以才稱為「雜氣」也。

支藏人元五行圖

巳 丙火臨官 戊土 庚金長生	午 丁火 己土 （乙之長生）	未 己土 丁火 乙木 （木墓）	申 庚金臨官 壬水長生 戊土
辰 戊土 乙木 癸水 （水墓）			酉 辛金 （丁己之長生）
卯 乙木 （癸之長生）			戌 戊土 丁火 辛金 （火、土墓）
寅 甲木臨官 丙火長生 戊土	丑 己土 癸水 辛金 （金墓）	子 癸水 （辛之長生）	亥 壬水臨官 甲木長生

註：「臨官」即「祿」也。

「支藏干」之本氣、餘氣表

地支	子	丑	寅	卯	辰	巳	午	未	申	酉	戌	亥
藏	癸	己	甲	乙	戊	丙	丁	己	庚	辛	戊	壬
←		辛	丙		乙	戊	己	丁	戊		辛	甲
干		癸	戊		癸	庚		乙	壬		丁	

註：表中第一位為本氣。餘者為附屬之餘氣。

(2) 月令五行用事

每年三百六十日，以五行金木水火土分配之，故各得七十二日。如木旺於春，占六十日（甲乙各半）、長生九日、墓庫三日，合計七十二日。土旺四季，辰戌丑未各十八日，亦為七十二日。以上僅是舉其大略之數也。因為，一年是為三百六十五日又四分之一，又戊土寄生寄旺之故，土分配的日數必然較多，且亦參差不齊地散於各月。因此，除了前述之原則分配外，更有較為細膩的「月令分日用事」分配法。然，《子平真詮評註》有提醒曰：「人元司令日數，雖未可執著。而藏天干於地支，乾體而坤用，分析陰陽，至為精密。」

〈十二月令人元司令分野表〉

月令	節氣	說明		
寅	立春 雨水	立春後 戊土七日	丙火七日	甲木十六日
卯	驚蟄 春分	驚蟄後 甲木十日	乙木二十日	
辰	清明 穀雨	清明後 乙木九日	癸水三日	戊土十八日
巳	立夏 小滿	立夏後 戊土五日	庚金九日	丙火十六日
午	芒種 夏至	芒種後 丙火十日	己土九日	丁火十一日
未	小暑 大暑	小暑後 丁火九日	乙木三日	己土十八日

申	立秋 處暑	立秋後 戊己土十日	壬水三日	庚金十七日
酉	白露 秋分	白露後 庚金十日	辛金二十日	
戌	寒露 霜降	寒露後 辛金九日	丁火三日	戊土十八日
亥	立冬 小雪	立冬後 戊土七日	甲木五日	壬水十八日
子	大雪 冬至	大雪後 壬水十日	癸水二十日	
丑	小寒 大寒	小寒後 癸水九日	辛金三日	己土十八日

（**註**：有關「月令分日用事」之古籍記載甚多，且各書亦不盡相同，如《淵海子平》、《星平會海》、《三命通會》、《子平真詮評註》等等，本表格是採自《子平真詮評註》。）

另附錄歌訣以便於背誦：

〈月令分日用事歌訣〉

寅月　立春戊七還丙七，餘日甲木交驚蟄。

卯月　驚蟄十日甲木行，餘皆乙木至清明。
辰月　清明乙九癸三寓，戊旺提綱到立夏。
巳月　立夏戊七庚初動，庚七交丙入芒種。
午月　芒種十丙九己取，丁火陰柔迎小暑。
未月　小暑丁九乙三週，己旺提綱又立秋。
申月　立秋七日己並戊，七壬交庚至白露。
酉月　白露庚金管一旬，辛金專氣迎寒露。
戌月　寒露辛九丁三逢，戊旺提綱又立冬。
亥月　立冬戊七又甲七，壬水汪洋交大雪。
子月　大雪壬水十日看，廿天癸水逢小寒。
丑月　小寒九癸並三辛，己旺提綱又立春。

其實有關本節所述之內容，於命學上可謂是非常具有爭議性的問題，不但古代有，現代亦有。如清初陳相國素庵先生所批評，其云：「舊書十二月支中所藏諸干，俱分日用事，相沿已久，遵若金科玉律。但實不然，……若果如其所分，則巳有戊、猶可言也，亥有戊有是理乎？古今論命，曾有遇亥而取戊者乎？……四時止有三百六十五日，乃每支中諸干皆共三十一日，豈非四時共三百七十二日乎？種種難通，將何說以處分，則各干分日，萬不可拘矣！」

至於今人所持之改革意見，容筆者下節再敘。

三、現今「支藏干」改革之見解

近年來，由於研習命理風水的風氣大開且熾盛，因此，對於一些探討研究古籍理論的現象，不但是熱衷且儼然蔚為一股趨勢，也因此對於古籍理論的辯正，亦出現了空前的大改革。這其中有關「支藏干」的改革論述就算是最為突顯且出色的，甚至可精進於后章節所介紹「取用神」之準確度。然而拘囿於篇幅所限，筆者僅摘錄並整理其中二種之理念觀點，供各位參考與研究之用。

(1) 律數法則

「律數法則」是陳品宏先生於其大著《預言命律正解》中，所發表公開對於

「地藏干」改革的一大研究心得。其理論是以地球繞日之圓周三百六十度的數字，而予以分別平均置於十個天干與十二個地支上。如圖表所示：

天干原藏律數表

五行／干別	陽干	陰干	律數共360
木	甲 36	乙 36	72
火	丙 36	丁 36	72
土	戊 36	己 36	72
金	庚 36	辛 36	72
水	壬 36	癸 36	72

地支原藏律數表

地支／藏干／氣別	子
含本氣	癸水 27
含雜氣	○
含雜氣	甲木3
共律數	30

丑	寅	卯	辰	巳	午	未	申	酉	戌	亥
己土 12	甲木 22	乙木 27	戊土 13	丙火 22	丁火 27	己土 18	庚金 22	辛金 27	戊土 18	壬水 22
壬水3 癸水6	○ 丙火8	○	甲木3 乙木6	戊土5 己土3	○	丙火3 丁火6	壬水8	○	庚金3 辛金6	甲木8
庚金6 辛金3	○	丙火3	庚金5 癸水3	○	己土3	乙木3	○	壬水3	丁火3	○
30	30	30	30	30	30	30	30	30	30	30

圖表整理如下：

(1)天干律數均為三十六。

(2)甲一、丙三、戊五、庚七、壬九屬陽，且均為奇數。乙二、丁四、己六、辛八，癸十屬陰，且均為偶數。

(3)地支藏干之律數，是依長生、帝旺與墓庫而分配之。

(4)子、午、卯、酉四仲月除了藏有很旺盛的本氣外，不能沒有絲毫的一點餘氣，因此表中子藏甲木、卯藏丙火、午藏己土、酉藏壬水是之。

(5)水剋火，因此子水或亥水中不可能藏有火；火剋金，因此巳火或午火中不可能藏有金。古論點沒有。

(6)地支之陰陽屬性不可決定於其所定居之奇偶數，而是決定於其藏干之本氣。如子「一」為奇，但因藏癸「十」，本氣為陰，故為陰。

(7)古理論巳為金之長生地，但巳屬火為剋金，其內不應藏有金的成份。因此巳不應該為金之長生地，金之長生地應為丑土，因為土生金之故。

(8)丑、辰為濕土；未、戌為燥土，故有關於土剋水之論，這其中之差別要分辨清楚。

(9)此表可清晰且明顯地看出地支三合局的理念來源。如木之長生在亥，帝旺在卯，墓庫在未；金之長生在巳，帝旺在酉，墓庫在辰（舊說在丑）。

⑽土，總是於四季青黃不接時，方才挺身而出，故其帝旺均分佈於季月。

（註：每季有三月。第一個月份謂之「孟月」，第二個月份謂之「仲月」，第三個月份謂之「季月」。）

以上諸點僅是筆者根據表中資料所推演而立論的，當然，其中之粗糙闕漏自是在所難免，但望各位能再深入地研究探討，相信定然會有不可言喻的心得與領悟。

(2) 何氏法則

「何氏法則」是何建忠先生於其所著《八字心理推命學》（一九八一年三月廿五日初版，希代書版有限公司出版）一書中，所發表之「取用神」法則。基於其中對「支藏干理論」有其獨創之法則，故亦將其摘錄整理介紹。

首先將其定論表格附錄於次：

十二月份天干強度表：

生月＼十干	甲木
寅	1.14
卯	1.2
辰	1.1
巳	1.0
午	1.0
未	1.04
申	1.06
酉	1.0
戌	1.0
亥	1.2
子	1.2
丑	1.06

癸水	壬水	辛金	庚金	己土	戊土	丁火	丙火	乙木
1.0	1.0	1.0	1.0	1.06	1.06	1.2	1.2	1.14
1.0	1.0	1.0	1.0	1.0	1.0	1.2	1.2	1.2
1.04	1.04	1.1	1.1	1.1	1.1	1.06	1.06	1.1
1.06	1.06	1.06	1.06	1.14	1.14	1.14	1.14	1.0
1.0	1.0	1.0	1.0	1.2	1.2	1.2	1.2	1.0
1.0	1.0	1.1	1.1	1.16	1.16	1.1	1.1	1.04
1.2	1.2	1.14	1.14	1.0	1.0	1.0	1.0	1.06
1.2	1.2	1.2	1.2	1.0	1.0	1.0	1.0	1.0
1.06	1.06	1.16	1.16	1.14	1.14	1.04	1.04	1.0
1.14	1.14	1.0	1.0	1.0	1.0	1.06	1.06	1.2
1.2	1.2	1.0	1.0	1.0	1.0	1.0	1.0	1.2
1.1	1.1	1.14	1.14	1.1	1.1	1.0	1.0	1.06

十二月份地支強度表

地支／藏干／月份	子	丑			寅		卯	辰		
	癸水	癸水	辛金	己土	丙火	甲木	乙木	乙木	癸水	戊土
寅月	1.0	0.3	0.2	0.53	0.36	0.798	1.14	0.342	0.2	0.53
卯月	1.0	0.3	0.2	0.5	0.36	0.84	1.2	0.36	0.2	0.5
辰月	1.04	0.312	0.22	0.55	0.318	0.77	1.1	0.33	0.208	0.55
巳月	1.06	0.318	0.212	0.57	0.342	0.7	1.0	0.3	0.212	0.57
午月	1.0	0.3	0.2	0.6	0.36	0.7	1.0	0.3	0.2	0.6
未月	1.0	0.3	0.22	0.58	0.33	0.728	1.04	0.312	0.2	0.58
申月	1.2	0.36	0.228	0.5	0.3	0.742	1.06	0.318	0.24	0.5
酉月	1.2	0.36	0.24	0.5	0.3	0.7	1.0	0.3	0.24	0.5
戌月	1.06	0.318	0.232	0.57	0.342	0.7	1.0	0.3	0.212	0.57
亥月	1.14	0.342	0.2	0.5	0.318	0.84	1.2	0.36	0.228	0.5
子月	1.2	0.36	0.2	0.5	0.3	0.84	1.2	0.36	0.24	0.5
丑月	1.1	0.33	0.228	0.55	0.3	0.742	1.06	0.318	0.22	0.55

戌		酉	申		未			午	巳	
丁火	辛金	辛金	庚金	壬水	己土	乙木	丁火	丁火	丙火	庚金
0.24	0.3	1.0	0.7	0.3	0.53	0.228	0.36	1.2	0.84	0.3
0.24	0.3	1.0	0.7	0.3	0.5	0.24	0.36	1.2	0.84	0.3
0.212	0.33	1.1	0.77	0.312	0.55	0.22	0.318	1.06	0.742	0.33
0.228	0.318	1.06	0.742	0.318	0.57	0.2	0.342	1.14	0.798	0.318
0.24	0.3	1.0	0.7	0.3	0.6	0.2	0.36	1.2	0.84	0.3
0.22	0.33	1.1	0.77	0.3	0.58	0.208	0.33	1.1	0.798	0.33
0.2	0.342	1.14	0.798	0.36	0.5	0.212	0.3	1.0	0.7	0.342
0.2	0.36	1.2	0.84	0.36	0.5	0.2	0.3	1.0	0.7	0.36
0.208	0.348	1.16	0.812	0.318	0.57	0.2	0.312	1.04	0.728	0.348
0.212	0.3	1.0	0.7	0.342	0.5	0.24	0.318	1.06	0.742	0.3
0.2	0.3	1.0	0.7	0.36	0.5	0.24	0.3	1.0	0.7	0.3
0.2	0.342	1.14	0.798	0.33	0.55	0.212	0.3	1.0	0.7	0.342

	亥	
戊土	甲木	壬水
0.53	0.342	0.7
0.5	0.36	0.7
0.55	0.33	0.728
0.57	0.3	0.742
0.6	0.3	0.7
0.58	0.312	0.7
0.5	0.318	0.84
0.5	0.3	0.84
0.57	0.3	0.742
0.5	0.36	0.798
0.5	0.36	0.84
0.55	0.318	0.77

圖表整理如下：

(1)表中數字之精細堪稱一絕，也很唬人，也還好古人沒有如此優良的計算能力，否則，此表亦無法堪稱一絕了。

(2)寅中藏甲木、丙火，巳中藏庚金、丙火；申中藏壬水、庚金；三者中有兩項與陳品宏先生之見解同，但巳中藏庚金、丙火之見，卻好像完全脫離其整體的思考體系，因為，火剋金，火中怎會藏有金呢？

(3)此表是何先生用以取「大用神」之依據，但如(2)所敘，其中之數值已設定錯誤，當然結果之正確與否，就值得斟酌考慮了。

(4)此表仍依古「支藏干」之內容而設定，所以有關其中疑問之處的正確與否，還得靠各位自己去確定。

僅管「何氏法則」仍具有某種程度上的缺失與亟待改進之處，但何先生對命理學所持的探討精神，以及願提供心得以示眾人的胸懷，實亦讓人尊敬與瞻仰，當然更是值得我們去效法與學習之模範。

接著，我們再來看看另一種新的見解吧！

(3) 李氏法則

「李氏法則」是取錄於李叔還先生所著的《實用命理學》一書（一九五四年九月出版，台北市人生性型學社發行）。此法亦是應用數學理念，透過數據的顯示將一般干支、陰陽、五行數量化，如此再進行裁決一個八字命造之高低優劣之等級。李氏對此法亦信心十足地曰：「十餘年來，為人論命，均按此法行之。閱命三萬有奇，十有九準。」

由於本節僅是在作「支藏干」理論之闡述，因此，對於法則應用之精彩內容，待《精進篇》時再予以說明與舉例。

茲將相關法則內容概述於下：

(1)命造之四柱，加命宮柱（命宮求法待後章節再述），共計十字，每字作三十分計算，共三百分。再按其旺、相、休、囚、死之現象，休從本數、旺相倍數、死囚減半數，而予以加減計算之。

⑵天干性專，五行無有參雜，故每字所佔五行，均以三十分計之。

⑶地支每字亦以三十分計之，但由於「支藏干」之不同，故還得視於各月其藏干之人元五行數方可取之。如下所列：

子　水三十分

丑　水九分　金三分　土十八分

寅　土七分　火七分　木十六分

卯　木三十分

辰	午	申	戌
木九分	土十分	土七分	金九分
木三分	火二十分	水七分	火三分
土十八分		金十六分	土十八分

巳	未	酉	亥
土七分	火九分	金三十分	木十分
金七分	木三分		水二十分
火十六分	土十八分		

茲舉該書中之一例，供作參考比照。

【範例】：乾造、民國三十年正月二十六日戌時生。

〔命造〕：

（金30）劫財**辛**　**巳**七殺（土七、金七、火十六）

（金30）比肩**庚**　**寅**偏財（土七、火七、木十六）

（金30）日元**庚**　**子**傷官（水三十）

（火30）七殺**丙**　**戌**偏印（金九、火三、土十八）

〔命造〕：

（水30）食神**壬**　**辰**偏印（木九、水三、土十八）

六歲少八十天上大運。每逢丙辛年十一月初六日午時交脫。其大運列示如下：

6 己丑	46 乙酉
16 戊子	56 甲申
26 丁亥	76 癸未
36 丙戌	86 壬午

十字干支五行數

五行	單位	原分數	加減	得數
金	五	一〇六	囚減	五三
水	三	六三	休本	六三
木	二	二五	旺倍	五〇
火	四	五六	相倍	一一二
土	四	五〇	死減	二五

右列命局，余之四男雨生造也。

以五行單位言：金有五數占最多，火土各四次之，水僅三數較少，木祇三數為最少。其金之日主，生於春月，雖不當令，而得勢矣。身元強健可稱。

有以命學名詞與五行之理而論者，曰：「庚為頑金，生於春月，雖有失令之嫌；喜天干庚辛三排，地支巳、戌均有藏金，是為金氣類聚，且年支巳為庚金長生之地，根氣更見充盈，而木雖當令，數少勢微，不但不虞洩氣，且可藉以為財以生七殺。月支火土兩藏，更為殺印相生入格，以符『金旺得火、方成器皿』之說。書云：『殺不離印，印不離殺，殺印相生，功名顯達。』是也。況《窮通寶鑑》云：『春月之金，餘寒未盡，喜火氣為榮；體弱性柔，欲土生乃妙。水盛則金寒，有用等於無用；木盛則金折，至剛轉為不剛。金來比助，扶持最喜；比而無火，失類非良。今四柱木不盛而火氣榮、土母多而水源少；金又比助得力，均符《窮通寶鑑》所言，誠為富貴吉壽之造』云云。」

此論似極合理；但以五行之分數言之，則火盛金衰，而土少水微矣。況金之日主，生於春令，雖有勢亦防失勢，且乘相乘火，剋金太過，殊成身弱殺重之患矣！而生金之土，單位雖多，奈屬死候，分數大減，生之無力。月令之寅，又為丙火七殺長生之地，雖有日支子水，與命宮壬水，得為濟火之資，但休候之水，數少力微，奚足以濟，誠有杯水車薪之感，濟之維艱。且庚逢寅月，乃屬絕地，坐於子支，又為死鄉；時遇戌支，更為衰地，只有年支之巳，為庚長生；然陽之長生，即陰之死，是辛坐巳支，又乘死地也。

依此推究，是日主無氣，根元欠固；且丙火七殺乘相而數豪，又得祿於巳，長生於寅，而坐於火庫之上，其勢燄之雄，烏能有敵；金弱而逢火盛，剋制太過，乃為殺重身輕，而成不貧則殀之命，長成殊有困難，安有富貴吉壽之可言？乃於丁亥之歲，八月暴疾而殤於台灣之高雄。

蓋，八字僅以巳支為庚之長生而為根，辛金為庚之比劫而為助。逢丁亥流年，丁火剋辛，亥水衝巳，是根被衝剋無遺而倒塌矣。果如金盛身強之說，則丁亥歲毫無危殆之理；而登己丑運，當慶安樂長成。至後之戊子、丁亥、丙戌等運，必可飛黃騰達，何至於殀殤哉？

註：

1.本例僅是提供各位「支藏干」之實務用法而已，至於內容中之論斷部份，容筆者於《精進篇》再予以剖析與闡述。

2.「命宮」速求法：

(1)地支定數：

寅1、卯2、辰3、巳4、午5、未6、申7、酉8、戌9、亥10、子11、丑12。

(2)法則：

14－(生月＋生時)＝X

若(生月＋生時)之和大於14，則以

26－(生月＋生時)＝X為之。

所求得之X數，對照(1)之地支數，即命宮所在。

《命宮速查表》

月份	節氣	卯宮	寅宮	丑宮	子宮	亥宮	戌宮	酉宮	申宮	未宮	午宮	巳宮	辰宮
正月	雨水前 大塞後	子時	丑時	寅時	卯時	辰時	巳時	午時	未時	申時	酉時	戌時	亥時
二月	春分前 雨水後	亥時	子時	丑時	寅時	卯時	辰時	巳時	午時	未時	申時	酉時	戌時
三月	穀雨前 春分後	戌時	亥時	子時	丑時	寅時	卯時	辰時	巳時	午時	未時	申時	酉時
四月	小滿前 穀雨後	酉時	戌時	亥時	子時	丑時	寅時	卯時	辰時	巳時	午時	未時	申時
五月	夏至前 小滿後	申時	酉時	戌時	亥時	子時	丑時	寅時	卯時	辰時	巳時	午時	未時
六月	大暑前 夏至後	未時	申時	酉時	戌時	亥時	子時	丑時	寅時	卯時	辰時	巳時	午時
七月	處暑前 大暑後	午時	未時	申時	酉時	戌時	亥時	子時	丑時	寅時	卯時	辰時	巳時
八月	秋分前 處暑後	巳時	午時	未時	申時	酉時	戌時	亥時	子時	丑時	寅時	卯時	辰時
九月	霜降前 秋分後	辰時	巳時	午時	未時	申時	酉時	戌時	亥時	子時	丑時	寅時	卯時
十月	小雪前 霜降後	卯時	辰時	巳時	午時	未時	申時	酉時	戌時	亥時	子時	丑時	寅時
十一月	冬至前 小雪後	寅時	卯時	辰時	巳時	午時	未時	申時	酉時	戌時	亥時	子時	丑時
十二月	大寒前 冬至後	丑時	寅時	卯時	辰時	巳時	午時	未時	申時	酉時	戌時	亥時	子時

（表頭：月份／節氣／生時／命宮）

註：出生月令若過中氣者，應以下月計算。

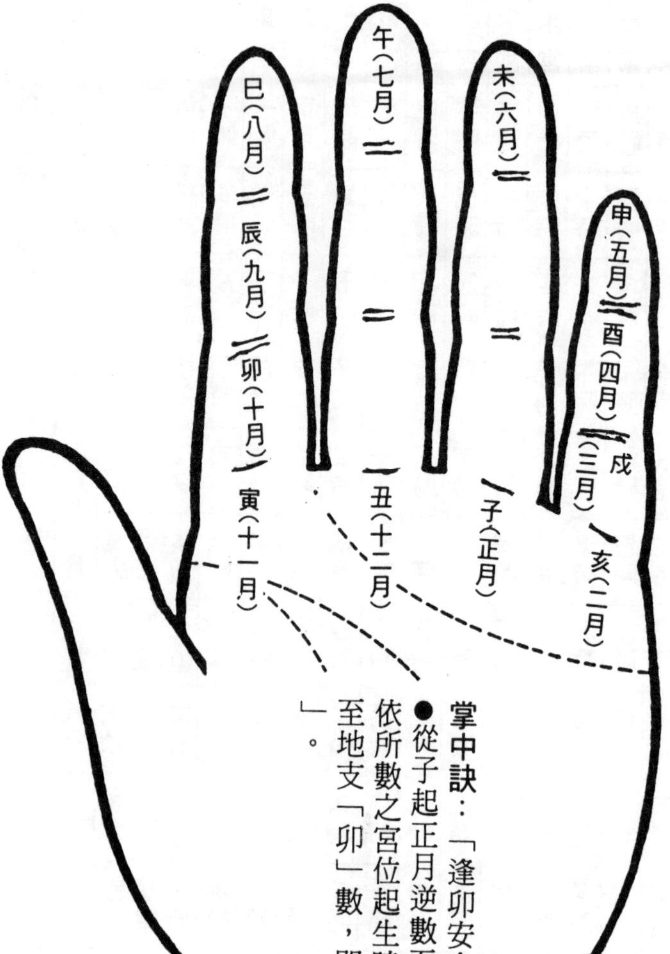

掌中訣：「逢卯安命」

●從子起正月逆數至生月，再依所數之宮位起生時支，順數至地支「卯」數，即為「命宮」。

四、結語

本章的內容可說是要進入八字命學最重要的關鍵理論之一，因此，筆者亦再三地於章節中，提醒各位務必要多用些心思去探討與研究。

雖然，有關「支藏干」的理論，於古於今，都有著不同的觀點與見解，甚至可能有人會問：「到底要依循何種法則，方是正確無誤？」其實這些問題，可說是沒有一個定論，或是對錯的結論，因為那些數據亦都是各人之心得而已，亦都只能以「較為接近」，或是「誤差較小」，或是「近似值」而予以評定。當然，誰的數據較為正確，最後還是得依論斷之正確與否而定之。

儘管「支藏干」有著各家不一的論調觀點，但在於自然氣數的表現中，卻有著其存在的事實。這就好比子女不論是容貌，或是體質，一定都可尋找到父母的相關基因，問題只在「多少」而已；多者，宛如同一個模子；少者，調調兒神似而已。

所以說，「支藏干」的理論對於八字命學而言，其重要性是可見一斑了，尤其是於后之「取用神」的關竅，更有著舉足輕重的地位。

當然，本章的內容程度僅止於基礎而已，主要是希望各位先建立一個正確的觀念與體會。至於較為高級的理論演繹應用，筆者於《精進篇》中，將會再予以分別地解析與闡述。希望各位能一步步且耐心地研習閱讀下去，保證日後定會有所收穫與受益，尤其是對於看似簡單，卻很複雜的八字命學，亦更能清楚、細膩且輕鬆地探究其神秘深奧的殿堂。

第五章　四柱八字排列法

前面諸章節，筆者大致已將有關八字命學之基本知識與理論介紹闡述。相信大家也必定有所心得與體會了吧！於下的章節內容，可說是真正地踏入了八字學的領域，一切的八字學之論斷種種，均皆由此而起，否則，亦均無從論斷。它——就是「起四柱八字命式」。

但，各位請先別發慌，本章所介紹的四柱八字排列法，只需要遵循遊戲規則照章為之即可，所以，可說是不具備任何的困難度，因此各位可暫時放鬆心情慢慢地研習下去。然而，話雖如此，仍請各位莫輕率忽視其重要性。畢竟，命式排錯了，就算是論的再好、再充實，也是徒然。

一、四柱的意義

「起四柱」、「排八字」這兩句話相信大家必是耳熟能詳的，其實這就是「四柱八字」排列之起手式。「起手式」這個名詞相信有看過武俠小說的讀者一定都知道，它是要學任何一種武功入門之代名詞，沒有了它，武林中大概就沒有高手了。

每個人都有自己的「落土時」，就算是剖腹生的，亦不例外。「落土時」的內容一定都包括了何年？何月？何日？何時？等四大要素（當然有些較「天」的婦產科醫生甚至連「秒」都記錄），而此四大要素正是我們用以排四柱八字必備的資料。因此，一般而言，對於一些不知道或是不清楚自己是何時生的人，要想論斷自己一生運途之吉凶禍福，還真是有些技術上之困難度。

所以，筆者在此亦呼籲一些不知自己的生辰八字者，最好趕快向您的父母詢問清楚，否則，一旦要用時，而「差不多」、「大概」的「準」（台語發音）法，保證您不僅白白地花費了一筆論命的潤金，而且也得不到一個準確且無誤的輔導途徑。

四柱八字命式：

	天干	地支
年柱	○	○
月柱	○	○
日柱	○	○
時柱	○	○

四柱者，即年柱、月柱、日柱、時柱四者是也；八字者，每一柱中均包含了一

個天干字，一個地支字，故四柱共計有八字。此即為「四柱八字」名稱之由來。

瞭解了四柱八字的意義與由來後，接著就要來介紹四柱的干支，是如何地推算而來？

二、四柱的起法

(1) 起年柱法

「年柱」於八字命學的意義，若是於先賢徐子平之前年代的命理學而言，可說是論斷八字的重心，但經過先賢徐子平將重點改良放置於日柱（日元）後，其重要就不及從前了。

儘管如此，現在所承傳下來的命學系統中，「擇日學」的理論仍是依年柱為抉擇的關鍵所在，另「年命納音五行」亦是依年柱的干支而訂立的。所以對於年柱的求法，以及相關的資料，我們也不要去漠視輕忽之。

年柱的求法大致上有二種，一種較為簡單，就是請各位逕自去查閱對照通書或萬年曆即可，故在此不多作贅述。至於第二種方法，茲介紹如下：

A 依生年數求法

此法即是以其人出生之年次為主而計算之。如民國三十五年生的人，即以三十五之數字來求該年之年干支。但此法有個缺點，就是僅適合民國元年以後出生之人。如民國前出生之人就不適用了。

其法則如下：

天干數：

1	2	3	4	5	6	7	8	9	0
壬	癸	甲	乙	丙	丁	戊	己	庚	辛

地支數：

1	2	3	4	5	6	7	8	9			
子	丑	寅	卯	辰	巳	午	未	申	酉	戌	亥

【法則】：

(1)將年數的個位數字對照天干數表，對照所得之天干即是該年之年天干。

(2)將整個生年數字除以十二，再以所得之餘數對照地支數表，所對照之地支即是該年之年地支。

【範例】：試求民國三十五年之年干支？

(1)年數字之個位數字為5，對照天干數表為「丙」。故民國三十五年之年天干為「丙」。

(2)生年數字為35，將整個數字即35除以12，商數為2（不用），餘數為11，將其對照地支數表為「戌」。故民國35年之年地支為「戌」。

(3)綜合(1)(2)所得，可知民國35年之年干支為「丙戌」。

B 西元年數換算干支法

本法適用的範圍較為廣泛，且筆者亦曾於拙著《全方位論斗數》下冊的〈附錄〉（一九九六年十月由益群書店發行）中介紹過，故在此不多作贅述，請各位讀友可逕自購閱參考。

C 依歲數求其生年干支

此法敘述較為繁瑣，故筆者直接以實例說明。

【範例】：若今年是民國八十六年丁丑，其人是三十六歲，其生年干支是何？

⑴因為天干有十個，我們即以「十」視為一個基數且暫擱置一邊不管。三十六數有三個十整數。

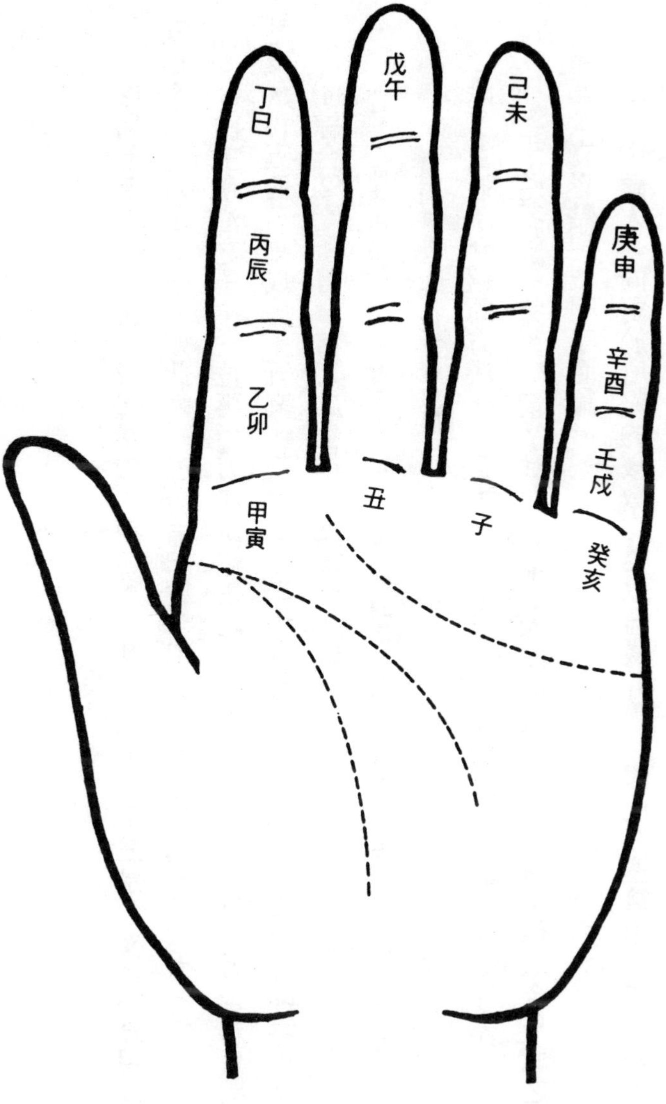

(2)將餘數「六」由丑位起逆佈，則一是丁丑，二是丙子，三是乙亥，四是甲戌，五是癸酉，六是壬申。如此六「壬」恰泊於「申」。此「壬」即為天干。

(3)由壬所泊之「申」位再用方才所擱置之「三十」為取用，依「五」進位順算地支，得五酉、十戌、十五亥、二十子、二十五丑、三十寅，「此寅」即為地支。

(4)綜合(2)(3)所得，其人之生年干支為「壬寅」。

（註：此運用排掌法去推算干支年代，最重要的是一定要曉得今年是何年，何干支。再依此為據而推算，才能準確無誤。）

除了上述所介紹的方法外，「年」的確定亦是一個很重要的問題，茲整理如下：

一、年之交脫點必須以「立春點」為主。亦即未過立春點之年，仍以今年視之；若超過了立春點則依明年而論。

二、中國人一向對於所報的歲數均是以虛歲計算。因此在換算出生年之時，必須得先行減一數，否則，即有一歲之誤差。

(2) 起月柱法

月柱的求法是根據著生年而來，其排列的記法亦是依據「六十甲子」。至於年與月間的關係如何，茲列述如下，供作參考。

①凡屬甲年（如甲子、甲戌、甲申、甲午、甲辰、甲寅等），或是己年（如己巳、己卯、己丑、己亥、己酉、己未等），其全年各月的干支是為：丙寅（正月）、丁卯（二月）、戊辰（三月）、己巳（四月）、庚午（五月）、辛未（六月）、壬申（七月）、癸酉（八月）、甲戌（九月）、乙亥（十月）、丙子（十一月）、丁丑（十二月）。

②凡屬乙年（如乙丑、乙亥、乙酉、乙未、乙巳、乙卯等），或是庚年（如庚午、庚辰、庚寅、庚子、庚戌、庚申等），其全年各月的干支是為：戊寅（正月）、己卯（二月）、庚辰（三月）、辛巳（四月）、壬午（五月）、癸未（六月）、甲申（七月）、乙酉（八月）、丙戌（九月）、丁亥（十月）、戊子（十一月）、己丑（十二月）。

③凡屬丙年（如丙寅、丙子、丙戌、丙申、丙午、丙辰等），或是辛年（如辛未、辛巳、辛卯、辛丑、辛亥、辛酉等），其全年各月的干支是為：庚寅（正月）、辛卯（二月）、壬辰（三月）、癸巳（四月）、甲午（五月）、乙未（六月）、丙申（七月）、丁酉（八月）、戊戌（九月）、己亥（十月）、庚子（十一月）、辛

丑（十二月）。

④凡屬丁年（如丁卯、丁丑、丁亥、丁酉、丁未、丁巳等），或是壬年（壬申、壬午、壬辰、壬寅、壬子、壬戌等），其全年各月的干支是為：壬寅（正月）、癸卯（二月）、甲辰（三月）、乙巳（四月）、丙午（五月）、丁未（六月）、戊申（七月）、己酉（八月）、庚戌（九月）、辛亥（十月）、壬子（十一月）、癸丑（十二月）。

⑤凡屬戊年（如戊辰、戊寅、戊子、戊戌、戊申、戊午等）或是癸年（癸酉、癸未、癸巳、癸卯、癸丑、癸亥等），其全年各月的的干支是為：甲寅（正月）、乙卯（二月）、丙辰（三月）、丁巳（四月）、戊午（五月）、己未（六月）、庚申（七月）、辛酉（八月）、壬戌（九月）、癸亥（十月）、甲子（十一月）、乙丑（十二月）。

聰明的古聖先賢們為方便自己，以及日後研習者背誦起見，特將前述之種種資料綜合整理且歸納成一首易於記憶的歌訣，茲照錄於下供方便記憶：

〈年干起月干歌訣〉：

註：此歌訣亦稱為「五虎遁訣」。寅者，虎是也。

「甲、己之年丙作首，

乙、庚之歲戊為頭，
丙、辛之年由庚起，
丁、壬壬位順行流，
更有戊、癸何方覓？
甲字之上好追求。」

年上起月之法則，還有幾個要點要注意，並列圖示。

(1)均採「建寅曆」，亦即正月建寅起，依次順推。

(2)正月一定要以「立春點」開始計算。因此對於「節氣」的觀念必得清楚瞭解為是。

〈年上起月表〉

12月		24節氣	生年干：甲、己年	乙、庚年
正	寅	立春 雨水	丙寅	戊寅
二	卯	驚蟄 春分	丁卯	己卯
三	辰	清明 穀雨	戊辰	庚辰
四	巳	立夏 小滿	己巳	辛巳
五	午	芒種 夏至	庚午	壬午
六	未	小暑 大暑	辛未	癸未
七	申	立秋 處暑	壬申	甲申
八	酉	白露 秋分	癸酉	乙酉
九	戌	寒露 霜降	甲戌	丙戌
十	亥	立冬 小雪	乙亥	丁亥
十一	子	大雪 冬至	丙子	戊子
十二	丑	小寒 大寒	丁丑	己丑

丙、辛年	庚寅	辛卯	壬辰	癸巳	甲午	乙未	丙申	丁酉	戊戌	己亥	庚子	辛丑
丁、壬年	壬寅	癸卯	甲辰	乙巳	丙午	丁未	戊申	己酉	庚戌	辛亥	壬子	癸丑
戊、癸年	甲寅	乙卯	丙辰	丁巳	戊午	己未	庚申	辛酉	壬戌	癸亥	甲子	乙丑

註：掌中法之應用，各位務必要熟練。另外，「萬年曆」亦是必備的工具書，所以請各位亦不要吝嗇區區的小錢，它實在有其實務上的功用。

(3) 起日柱法

「日柱」的求法，筆者大都讓學生逕自去翻閱萬年曆查對即可，畢竟時代不同了，而且又有方便現成的工具書可用，何苦自己再去找麻煩呢！但是，為了不剝削各位讀友有認知上的權利，以及碰上沒有萬年曆隨身攜帶的狀況，所以除了上述直接查萬年曆法之外，筆者更收集了古法，以及公式法供作參考，茲將一一敘述介紹如次：

A《掌金訣》

「掌金訣」即一般俗稱的「盲人算命法」。由於盲人眼睛上之缺憾，所以古人亦針對此盲人不便之處，而創出這一套利於盲人應用之手掌訣。但由於此訣的內容複雜繁瑣，再加上現行萬年曆或通書之方便且流通，所以此訣可說是幾近絕跡了。

然而，基於一份可惜且承傳的心意，因此筆者特將其中的內容與用法敘述與介紹，希望有心的讀者不妨多費些心思去研究一番，否則，一旦失傳還真是命學界之一大損失與遺憾。

《星平會海》．〈新傳一掌金〉云：「夫一掌訣，古之作者，不肯詳細教人，今以八八六十四卦撰成，仍以音韻相押，俾學者讀之易記而無疑難之。假如「甲子」則以「乾」字代之，「乙丑」則以「姤」字代之。六十甲子代字為：

『甲子、乙丑乾，姤金。
丙寅、丁卯遯，否火。
戊辰、己巳觀，剝木。
庚午、辛未晉，有土。
壬申、癸酉坎，節金。
甲戌、乙亥屯，濟火。
丙子、丁丑革，豐水。

戊寅、己卯夷，師土。
庚辰、辛巳艮，賁金。
壬午、癸未畜，損木。
甲申、乙酉睽，履水。
丙戌、丁亥孚，漸土。
戊子、己丑震，豫火。
庚寅、辛卯解，恆木。
壬辰、癸巳升，井水。
甲午、乙未過，隨金。
丙申、丁酉巽，家火。
戊戌、己亥益，妄木。
庚子、辛丑嗑，蠱土。
壬寅、癸卯離，旅金。
甲辰、乙巳鼎，蒙火。
丙午、丁未渙，訟水。

戊申、己酉同，坤土。
庚戌、辛亥復，臨金。
壬子、癸丑泰，壯木。
甲寅、乙卯夬，需水。
丙辰、丁巳比，兌土。
戊午、己未困，萃火。
庚申、辛酉咸，蹇木。
壬戌、癸亥謙，妹水。』

每年掌訣連韻字共十六字，分為三句，有閏之年則多二字共十九字。初旬立春，則用『初』字首數，頭年立春則用念數十數；若在正月初十之後立春者，則用外字首數；若遇閏月，則先加一閏字，方放日子，其理甚明。

就將嘉靖四十三年甲子為例：首用一『乾』字以代『甲子』年；正月初一是『乙亥』，則用『濟』字代之；十四日辰時立春，則用『外四辰』三字代之；二月初一是『甲辰』，則用一『鼎』字代之；閏二月初一是『甲戌』，則先用『閏』字，再用一『屯』字代『甲戌』；三月初一是『癸卯』，則用『旅』字代之；四月初一是『壬申』，則用一『坎』字代之；五月初一是『壬寅』，則用一『離』字代之；六月初一是『辛未』，則用一『有』字代之；七月初一是『辛丑』，則用一『蠱』字代之；八月初一是『庚午』，則用一『晉』字代之；九月初一是『庚子』，則用一『嗑』字代之；十月初一是『庚午』，則用一『晉』字代之；十一月初一是『庚子』，則用一『嗑』字代之；十二月初一是『己巳』，則用一『剝』字代之。

總而言之，嘉靖四十三年掌訣為：

『乾濟外四辰鼎閏，屯旅坎離有，蠱晉嗑晉嗑剝久。』餘皆倣此。」

註：另外亦有因「六十甲子」之代字僅有六十個，而不敷實際之需要，又有編製「一百二十字」的歌訣，以作為「前」、「後」之分。此一百二十字訣：

天地玄黃，宇宙洪荒。日月盈昃，辰宿列張。
寒來暑往，秋收冬藏。閏餘成歲，律呂調陽。
雲騰致雨，露結為霜。金生麗水，玉出崑岡。
劍號巨闕，珠稱夜光。果珍李柰，菜重芥薑。
海鹹河淡，鱗潛羽翔。龍師火帝，鳥官人皇。
始制文字，乃服衣裳。推位讓國，有虞陶唐。

1.(生年年數－10)－×5＋$\frac{\text{生年年數}(-10)}{4}$＋(生年該年之第一日到欲求之日的日數和)=X

2.再以 X÷60 之餘數，將其設定為 Y

3.如此所求得之 Y 值，其個位數字對照天干數表(如下)，此即為該日之天干。

若整除即 Y=0，則視同 10 論。

(天干數表：甲 1，乙 2、丙 3，丁 4，戊 5，己 6，庚 7，辛 8，壬 9，癸 10)。

4.再將 Y÷12，將其所得之餘數對照地支數表(如下)，此即為該日之地支。

(地支數表：子 1，丑 2，寅 3，卯 4，辰 5，巳 6，午 7，未 8，申 9，酉 10，戌 11，亥 12)。

弔民代罪，周發商湯。
坐朝問道，垂拱平章。
愛育黎庶，臣伏戎羌。

B　公式法

此法是今人推算演衍而生。其中要注意的是「依國曆（陽曆）日子來運算，但所求得之干支是為陰曆日子的干支」。

公式如上表：

本公式使用時要注意下列幾點：

①日數運算以陽曆為主。月大者為三十一天，月小者為三十日。

②其中二月為二十八天。但民

國七十七年二月有二十九天是為例外，要特別小心注意。

(4) 起時柱法

「時柱」的求法是四柱中較複雜且爭議的一環，因為其中包括了「時間的誤差」、「早、晚子時」等之癥結問題的認定。所以筆者於撰寫本章擬先將基本的理論介紹，然後再以簡明扼要的方式闡述其餘之諸問題。此舉主要是避免各位會犯了捨本逐末之弊病，這樣反而失去了研習的目地，不是嗎？

筆者曾於第三章中介紹過記時間的分法有二：一為「平均太陽時」，另一為「真太陽時」（即「命理時辰」）。而本節所敘述的記時間方法均是以「真太陽時」為主，且亦以「六十甲子」作為記錄的工具。至於其推算的法則，則是依日干為主，內容如下：

①凡屬甲日（如甲子、甲戌、甲申、甲午、甲辰、甲寅等），或是己日（如己巳、己卯、己丑、己亥、己酉、己未等），其各時辰之干支是為：甲子時、乙丑時、丙寅時、丁卯時、戊辰時、己巳時、庚午時、辛未時、壬申時、癸酉時、甲戌時、乙亥時。

②凡屬乙日（如乙丑、乙亥、乙酉、乙未、乙巳、乙卯等），或是庚日（如庚午、庚辰、庚寅、庚子、庚戌、庚申等），其各時辰之干支是為：丙子時、丁丑時、戊寅時、己卯時、庚辰時、辛巳時、壬午時、癸未時、甲申時、乙酉時、丙戌時、丁亥時。

③凡屬丙日（如丙寅、丙子、丙戌、丙申、丙午、丙辰等），或是辛日（如辛未、辛巳、辛卯、辛丑、辛亥、辛酉等），其各時辰之干支是為：戊子時、己丑時、庚寅時、辛卯時、壬辰時、癸巳時、甲午時、乙未時、丙申時、丁酉時、戊戌時、己亥時。

④凡屬丁日（如丁卯、丁丑、丁亥、丁酉、丁未、丁巳等），或是壬日（如壬申、壬午、壬辰、壬寅、壬子、壬戌等），其各時辰之干支是為：庚子時、辛丑時、壬寅時、癸卯時、甲辰時、乙巳時、丙午時、丁未時、戊申時、己酉時、庚戌時、辛亥時。

⑤凡屬戊日（如戊辰、戊寅、戊子、戊戌、戊申、戊午等），或是癸日（如癸酉、癸未、癸巳、癸卯、癸丑、癸亥等），其各時辰之干支是為：壬子時、癸丑時、甲寅時、乙卯時、丙辰時、丁巳時、戊午時、己未時、庚申時、辛酉時、壬戌時、

癸亥時。

由以上①～⑤所述，我們可得到一個法則，如下：

(1)甲日或己日，其時辰必從甲加於子上推算起。

(2)乙日或庚日，其時辰必從丙加於子上推算起。

(3)丙日或辛日，其時辰必從戊加於子上推算起。

(4)丁日或壬日，其時辰必從庚加於子上推算起。

(5)戊日或癸日，其時辰必從壬加於子上推算起。

〈日上起時表〉

命理時辰	真太陽時 ＼ 生日干	甲、己日	乙、庚日	丙、辛日	丁、壬日	戊、癸日
子	2400～0100	甲子	丙子	戊子	庚子	壬子
丑	0100～0300	乙丑	丁丑	己丑	辛丑	癸丑
寅	0300～0500	丙寅	戊寅	庚寅	壬寅	甲寅
卯	0500～0700	丁卯	己卯	辛卯	癸卯	乙卯
辰	0700～0900	戊辰	庚辰	壬辰	甲辰	丙辰
巳	0900～1100	己巳	辛巳	癸巳	乙巳	丁巳
午	1100～1300	庚午	壬午	甲午	丙午	戊午
未	1300～1500	辛未	癸未	乙未	丁未	己未
申	1500～1700	壬申	甲申	丙申	戊申	庚申
酉	1700～1900	癸酉	乙酉	丁酉	己酉	辛酉
戌	1900～2100	甲戌	丙戌	戊戌	庚戌	壬戌
亥	2100～2300	乙亥	丁亥	己亥	辛亥	癸亥
子	2300～2400	丙子	戊子	庚子	壬子	甲子

註：㈠此表必須依出生地之真正太陽時為主。
㈡此表的子時，要先辨明是早子時，或是晚子時。否則就有一日之差誤。
㈢時干支可依據本表查對即可。

古聖賢亦應用了此法則，而作了一首易記之歌訣，其內容如下：

〈日干起時干歌訣〉 註：此歌訣亦稱為「五鼠遁訣」。子者、鼠是也。

「甲、己還加甲，
乙、庚丙作初，
丙、辛從戊土，
丁、壬庚子居，
戊、癸何方發；
壬子是真途。」

A　時區概述

「國際換日線」協議的訂定，據說是因為傳教而起。早期同屬一個教會的兩批巡迴傳教士到美國新大陸傳教，但其所走之路線不同，一批是由俄國跨越白令海峽到阿拉斯加；另一批則由英國跨越大西洋，到達美國本土再到阿拉斯加。可是問題發生了，當這兩批傳教士於阿拉斯加會合的時候，卻發現其各自計算的日期不同，致而影響其做「主日」、做「禮拜」不同之困擾現象。

基於此問題的癥結，方才在教會的推動下，由國際間依據地球由西向東自轉的事實，協議訂定「以東經一百八十度線與西經一百八十度線重疊成的一條經度線」為「國際換日線」。如圖㈡所示。

於前述重疊之經度線經國際一致公認，即以經過英國倫敦格林威治天文台的經線將地球上每隔經度十五度劃為一個時區，全球三百六十度，故共計劃分為二十四時區。如圖㈠㈡所示。

中國的幅員廣大，包含了西起東經七十五度、東至東經一三五度，所以於民國八年時，觀象台乃規定標準時區且將全國分為五區，將其五區介紹如下：

(1)長白標準時間區：是以東經一二七・五度的時刻為此區共同的時刻。（居東九區的一半）

(2)中原標準時間區：是以東經一二〇度的時刻為此區共同的時刻。（居東八區，且台灣、廣東省、海南島均屬之。）

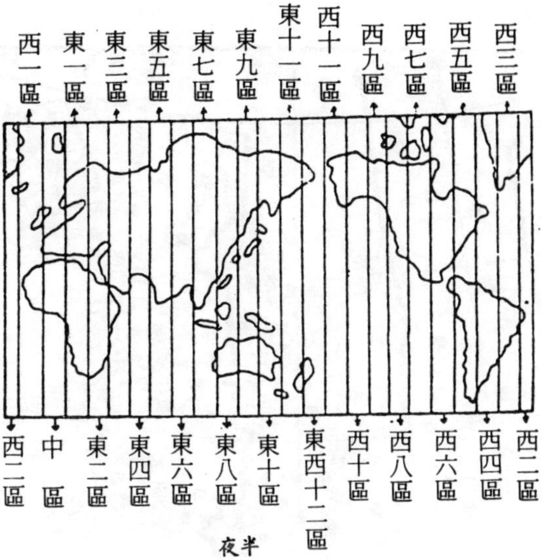

圖(一)：世界時區圖

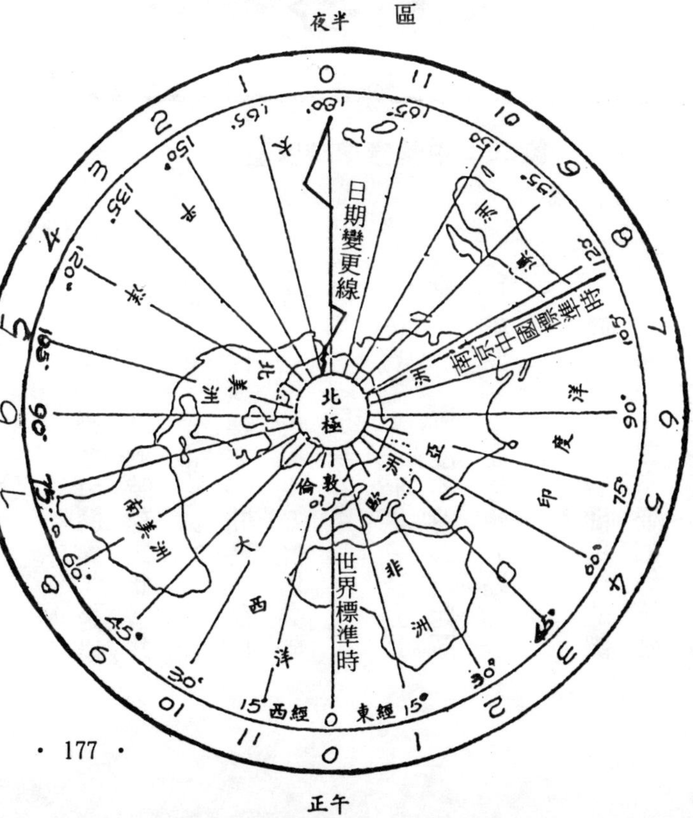

圖(二)：倫敦格林威治之標準時區圖

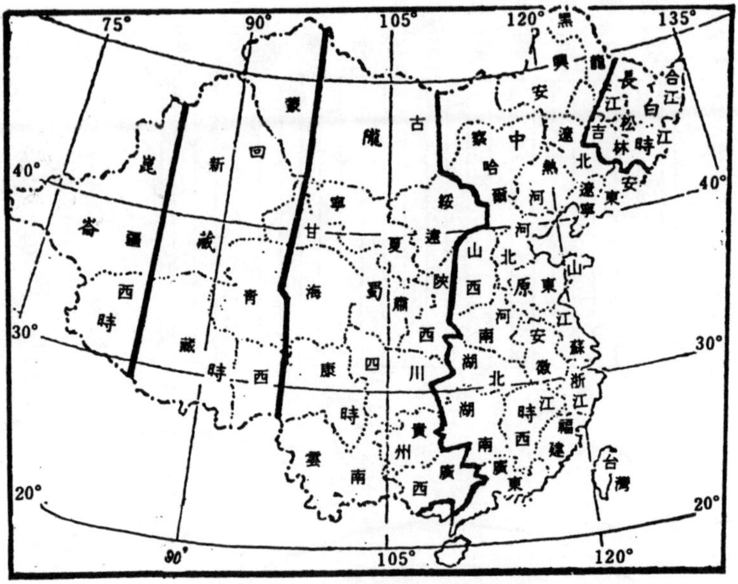

圖㈢：中國標準時區圖

(3)隴蜀標準時間區：是以東經一〇五度的時刻為此區共同的時刻。(居東七區)

(4)回藏標準時間區：是以東經九〇度的時刻為此區共同的時刻。(居東六區)

(5)崑崙標準時間區：是以東經八二・五度的時刻為此區共同的時刻。(居東五區的一半)

瞭解了以上時間區域的劃分後，接下來就是要如何正確地計算出地方時間，以及折算成我們所要的「命理時辰」。

如此對我們論命方才有著莫大的幫助。

至於要如何推算出準確的「命理時辰」？筆者將其整理歸納如下的幾個步驟：

⑴先檢查所要推算的日子是否有涉及「夏令時間」？

所謂「夏令時間」，亦稱為「日光節約時」。茲將其相關資料之報導內容供錄如下：

「日光節約時（Daylight Saving Time），也叫做夏令時（Summer Time）。其辦法是將標準時撥快一小時，分秒不變，恢復時再撥慢一小時。首先提倡者，當推英國。當西曆一九〇八年英國議會，首有日光利用法之議案，是由威廉偉雷特（Willian Willett）所提議的。其理由為：若將時刻改早，則學校、工廠、機關同樣提早上課上班，而一般人民勢必早睡早起，早睡可節省燈火，早起可呼吸新鮮空氣，而且接觸日光機會較多，足以增進一般國民的健康。可是當時英國學者多數反對，因而英國國會未通過此議案。

到西曆一九一六年歐戰期間，德國因經濟上的關係，首先實行『經濟時』，也就是所謂的『日光節約時』。而奧地利、荷蘭、丹麥亦相繼採用。英國自感驚異，不久亦採用。

我國實行『日光節約時』，始自民國三十四年，每年起迄日期與名稱略有更動，茲記載於下表，以資參考。

民國五十一年至六十二年期間停止使用，原因是多數國內專家學者反對這種時制；因為此時制，易使時間記錄上陷於混亂。民國六十三年至六十四年及六十八年，由於阿拉伯產油國家提高油價，引起能源危機，我國政府為節約能源，再度恢復使用日光節約時。民國六十九年因民間對於日光節約時反應不佳，再度停止。每年起迄日期及名稱，均由政府公布施行。」

我國實施「日光節約時」相關資料表

民國年數	實施名稱	起迄日期
34～40	夏令時間	5月1日～9月30日
41	日光節約時間	3月1日～10月31日
42～43	日光節約時間	4月1日～10月31日
44～45	日光節約時間	4月1日～9月30日
46～48	夏令時間	4月1日～9月30日
49～50	夏令時間	6月1日～9月30日
51～62	沒有實施	無
63～64	日光節約時間	4月1日～9月30日
65～67	沒有實施	無
68	日光節約時間	7月1日～9月30日
69～72	沒有實施	無

註：若於此公佈的時間內出生者，其正確的出生時間必須先行減去一小時。

⑵再將「區域時間」折算為「地方平均太陽時」。

【法則】：

①是以「中原標準時間區」即東經一二〇度為據。再依標準度以東，時間應加；標準度以西，時間應減之運算法則。

②一時區為十五度，故每一度差四分鐘。

⑶再檢查該區的時差為何？零之下減之，零之上加之。

所謂「時差」，《天文日曆》記載如下：

「視太陽時每日長短不一致，在古代時候，用日晷測時，用漏壺計時的時代，尚無大礙。到了鐘錶產生之後，計時的精密度大增，視大陽時，不能適合鐘錶的使用，於是設法制定了平均太陽時。

視太陽時與平太陽時，每日都有相差，叫做『時差』，時差之值，雖然年有不同，但相差甚微，從上面時差曲線圖中來看，也有四次相合的日子。我們從日晷測到的時刻，加上時刻的修正，就能得到平太陽時，或者在中午太陽過中天的時分，正是視太陽時十二時正的時候。如果加上時差及經差，就可以得到與鐘錶相合的時刻。」

一般時鐘所報的時間是「平均太陽時」，而我們算命所用的時間是為「視太陽時」，亦稱為「真正太陽時」。而「時差」的推算公式如下：

時差＝真正太陽時－平均太陽時

另將「時差曲線圖」附示如左：

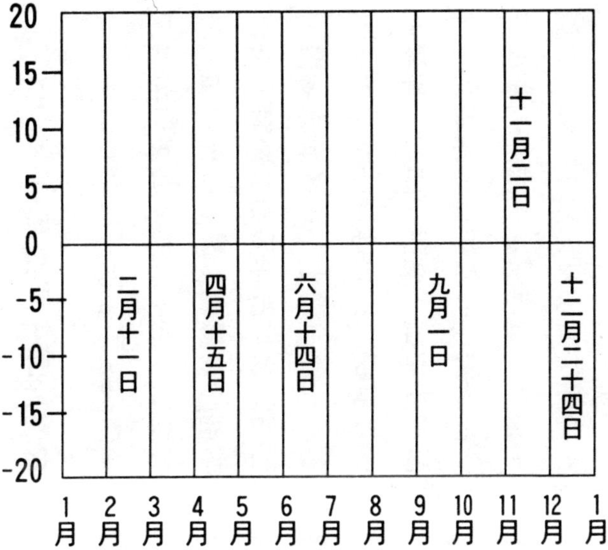

註：

①此表依陽曆為主

②陽曆4月15日、6月14日、9月1日、12月24日四天恰好是二十四小時。

③時差最大者是陽曆11月2日，多了16分22秒。

陽曆2月11日，少了14分24秒。

（逐年尚有秒差）

④如此即可對照前所附之「日上起時表」為之。

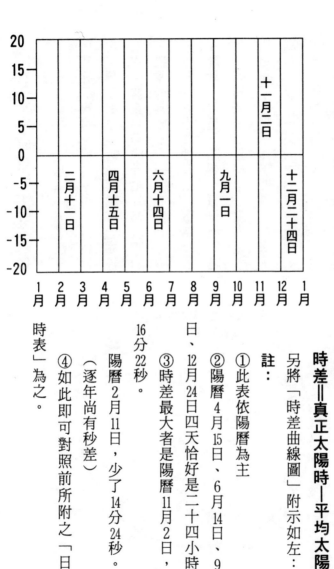

B 早子時與晚子時之解析

一日共有二十四小時，這是眾所皆知的事實。換句話說，日與日之交界點即是以凌晨零點零分零秒為主。據泉州繼成堂洪堂燕編印的《剋擇講義》云：「每午後十一點五十九分五十九秒五十九微為夜子，屬陰，就是上四刻，原作現日之額。若超過十二點起至一點內止，則是早子明日，作下四刻，屬陽，萬年不易。」又云：「自古至今，甲己日起甲子時，夜子原起甲子相同，加註夜子可也。」因此，一般以超過二十三點即算是明日子時之

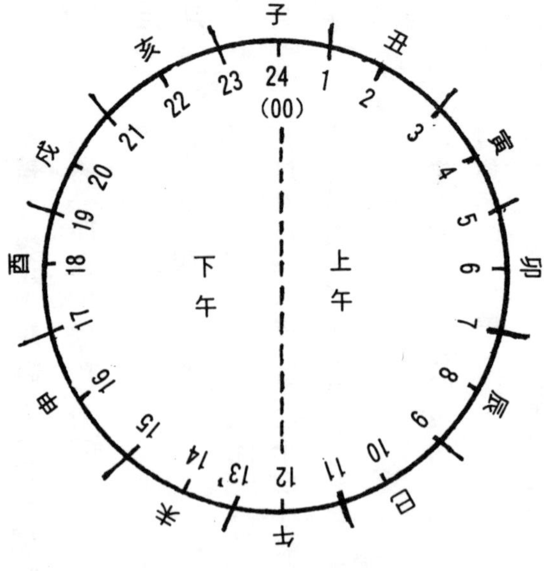

一日24小時分配圖

論，實是錯誤的觀念，各位務必要謹慎處理為是。

相信經由以上簡單的解釋後，各位應該可以輕易地瞭解了吧！其實早子與夜子之認定，完全是依正子而分，再加上我們平常的認知常識，「它」實在也只不過是一個簡單的問題而已，不是嘛！

(5) 干支的納音五行

「納音」是什麼？它有著什麼意義？

「納音」之意即是讓我們能「聽到」「氣」的聲音，因為自然界中之陰陽二氣，其基本的性質是為無聲、無色又無臭，且看不到，不可斗量，更是無法名狀，所以古聖先賢就發明了這一套「納音」理論，讓這股「氣」很明顯地表現出來。以下即將其相關的資料概略地介紹與闡述，希望能多提供各位一些參考之助益。

納音理論的起源是根由於音律之學（亦稱「律呂學」）。音律之學相傳是始於上古伏羲氏畫八卦、作九九之數，迄至黃帝乃命樂官取竹製造之，然後再經聆聽鳳之鳴聲而配合之；以雄鳳鳴聲為六謂「陽律」，雌鳳鳴聲為六謂「陰呂」，合為「十二律呂」，利用此而以正五音——宮、商、角、徵、羽。納音理論即是根據此律呂所生之五音而推演。

宮音：聲大而和，舌在中央，為喉音。是謂土音。

商音：口張聲悠揚、尖銳，為齒音。是謂金音。

角音：音和而長，為牙音，是謂木音。

徵音：音和而美，為舌音，是謂火音。

羽音：聲低而細，是謂水音。

（註：前述之「六律」是：黃鐘、太簇、姑洗、蕤賓、夷則、無射。「六呂」是：林鐘、南呂、應鐘、大呂、夾鐘、仲呂。）

「六十甲子之納音五行」即是干支之納音五行，由於它對日後實務的論斷上很具有實用價值，所以筆者特將其先行介紹。

茲先將古籍中有關「六十甲子之納音五行」資料附錄於后，供作參考應用。

A 六十甲子納音五行

甲子、乙丑海中金　　丙寅、丁卯爐中火

戊辰、己巳大林木　　庚午、辛未路傍土

壬申、癸酉劍鋒金
丙子、丁丑澗下水
庚辰、辛巳白蠟金
甲申、乙酉泉中水
戊子、己丑霹靂火
壬辰、癸巳長流水
丙申、丁酉山下火
庚子、辛丑壁上土
甲辰、乙巳覆燈火
戊申、己酉大驛土
壬子、癸丑桑拓木
丙辰、丁巳沙中土
庚申、辛酉石榴木

甲戌、乙亥山頭火
戊寅、己卯城頭土
壬午、癸未楊柳木
丙戌、丁亥屋上土
庚寅、辛卯松柏木
甲午、乙未沙中金
戊戌、己亥平地木
壬寅、癸卯金箔金
丙午、丁未天河水
庚戌、辛亥釵釧金
甲寅、乙卯大溪水
戊午、己未天上火
壬戌、癸亥大海水

〈附表示〉

干支	甲子 乙丑	壬寅 癸卯	庚辰 辛巳	甲午 乙未	壬申 癸酉	庚戌 辛亥
納音	海中	金箔	白蠟	沙中	劍鋒	釵釧
五音	商					
五行	金					
干支	戊子 己丑	丙寅 丁卯	甲辰 乙巳	戊午 己未	丙申 丁酉	甲戌 乙亥
納音	霹靂	爐中	覆燈	天上	山下	山頭
五音	徵					
五行	火					
干支	壬子 癸丑	庚寅 辛卯	戊辰 己巳	壬午 癸未	庚申 辛酉	戊戌 己亥
納音	桑拓	松柏	大林	楊柳	石榴	平地
五音	角					
五行	木					
干支	丙子 丁丑	甲寅 乙卯	壬辰 癸巳	丙午 丁未	甲申 乙酉	壬戌 癸亥
納音	下澗	大溪	長流	天河	泉中	大海
五音	羽					
五行	水					
干支	庚子 辛丑	戊寅 己卯	丙辰 丁巳	庚午 辛未	戊申 己酉	丙戌 丁亥
納音	壁上	城頭	沙中	路傍	大驛	屋上
五音	宮					
五行	土					

B 納音五行簡訣

古聖賢們發明了上述之歌訣後，仍覺得太過於繁瑣與不容易背誦記憶，因此，又極力地絞盡腦汁，終於再創此一簡捷歌訣。但平心而論，筆者仍嫌其繁瑣，於后亦將其介紹。我們先來看看其歌訣為何？

〈納音五行簡訣〉

「子午銀燈掛壁鉤，辰戌煙滿寺鐘樓；
寅申漢地燥柴濕，納音須向此中求。」

此簡訣中，除了地支字外，其餘的五字即表示「五行」。茲舉一例示範。如訣中「子午銀燈掛壁鉤」一句，即代表著「子午金火木土金」之意是也。

〈附簡捷表示〉

子午	銀（金）	燈（火）	掛（木）	壁（土）	（金）
	甲子、甲午	丙寅、丙申	戊辰、戊戌	庚午、庚子	壬申、壬寅
	乙丑、乙未	丁卯、丁酉	己巳、己亥	辛未、辛丑	癸酉、癸卯
辰戌	煙（火）	滿（水）	寺（土）	鐘（金）	樓（木）
	甲戌、甲辰	丙子、丙午	戊寅、戊申	庚辰、庚戌	壬午、壬子
	乙亥、乙巳	丁丑、丁未	己卯、己酉	辛巳、辛亥	癸未、癸丑
寅申	漢（水）	地（土）	燥（火）	柴（木）	濕（水）
	甲申、甲寅	丙戌、丙辰	戊子、戊午	庚寅、庚申	壬辰、壬戌
	乙酉、乙卯	丁亥、丁巳	己丑、己未	辛卯、辛酉	癸巳、癸亥

C 納音五行掌中訣

①先將五行、十天干放置定位，如圖所示。

②依「順三順數」法則數至所要的地支，視其所在位之五行即是。

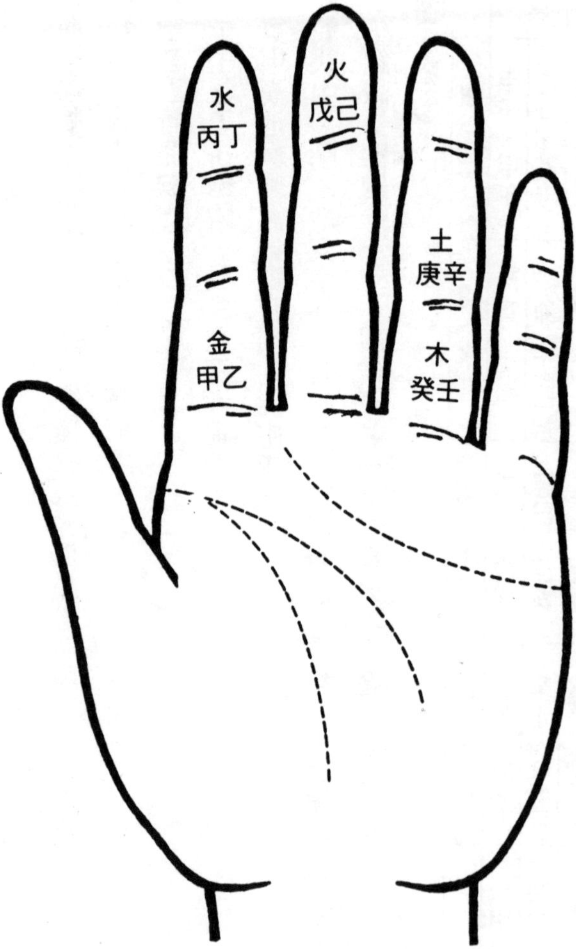

例：戊戌之干支納音五行為何？

①先找出「戌」所在的位置。

②依其位起子丑，再依「順三順數」法則，則「戊」落在「木」宮。

③故戊戌之干支納音五行為「木」。

雖然前文筆者曾說過，「納音」的理論於論命時是很具有實用的價值，但基於納音本身的理論不周全，而且也很具抽象意味，所以先賢們對其亦有所非議之處，如陳相國素庵先生就有議云：

「自唐以來，術家多用生年論命，其法以生年干支之納音為主，而輔以月日時之納音，考其生剋大端，次取各干支之五行，以為扶抑。其遺書不多，往往言之成理，持之有故。至後五代，徐子平始專以日干論命；自宋迄今，術家皆祖述之，著書立言甚眾，間有參用納音者，仍以日干為主，其法不甚詳，亦不甚驗，蓋法遠而書少，則精微不傳，法近而書多，則義理自著也。嘗考二法，雖理有可通，但吉凶頗多矛盾，既無古人成法可據以折衷，欲以意為之，又無所本，不若置納音而專講子平氏之術，較為直捷簡當。

若舊書論納音，多有可怪者，因甲子乙丑海中金，丙寅丁卯爐中火，謬誕相延，遂取海中、爐中等三十名色，借江山草木鳥獸器皿，一一穿鑿生造，又牽地支所屬龍虎之類，妄立諸名，如龍奔天河，劍化青龍，種種不經，可為深惡！

總之，論命勿雜納音，自少此弊。若有該博之士、廣求古人納音之法，研求纂輯，自成一書，亦於命理有補耳。」

其實咱們陳相國的觀念亦未免太過於迂腐且狹隘，要知「納音」之論其中實包羅萬象，這就宛如《易經》中，雖僅是寥寥之八卦，但卻是蘊藏且闡釋天地間之理象。因此，「納音」的理論各位實可廣泛地付諸於實務應用，筆者保證一定會有所大收穫的。

第六章　運限排法

命理學上所討論的運限，大致分別有：大運、小運與流年運三種。大運主管十年的運途，小運主管一年的運途，流年運則主管流年的歲運。

各位可能會發現一個問題，那就是小運與流年運均是掌管一年的運途，這二者間的靈動要如何地抉擇與取捨？於論斷上又要以孰輕孰重為依歸？這些問題請各位耐心地閱讀下去，筆者於后自當會一一地解析與闡述。

一、大運排列法

先賢萬育吾曰：「運者，人生之傳舍。先以三元四柱、五行生死、格局配合，以定根基；然後考覈運氣，協而從之，以定平生之吉凶也。且根基如木、運氣如春，春無木不著，木無春不榮。賦與根基淺薄者，如蒿萊之微，春風潛發，豈能久耶？根基厚壯者，如松柏之實，不為歲寒所變。此所謂先論根基，後言運氣者歟！」

由此文可瞭解「命」是比較固定的，而「運」則是流動變化不定的。我們算命的重點即在探究運途的吉凶，因此將探究運途之法則瞭解透徹，實是研習命理學一項不可或缺的要素。

大運，於命理學的理論系統中是一項探討長時間（十年）運途吉凶之變化，古籍云：「大運司十載之休咎，流年管一歲之窮通。」另外，每個人開始行運的時期，亦稱為「大運」，以及經常聽到人說「你這人尚未交運」等，均是指「大運」而言。當然，長時間的終究是一種平均值，其間的變化往往會因流年，或是個人的行為舉止而改變，因此，宗教家經常勸人要「行善」，要「助人」，就是這個道理，所謂「陰騭能延百福」、「為善之家必有餘慶」即是最佳的例證。

接著我們來談談要如何地排列大運。《三命通會》曰：「古人以大運一辰應十歲，折除以三日為一年者，何也？蓋一月之終，晦朔周而有三十日；一日之終，晝夜周而有十二時。總十年之運氣，凡三日有三十六時，乃見三百六十日為一歲之數；在一月之中，有三百六十時，折除節氣算計三千六百日為一辰之十歲也。」又曰：「人生以百二十歲為周天，論折除之法，必用生者實曆過日時，數其節氣之數。陽男陰女，大運以生日後到未來節氣日時為數，順而行之；陰男陽女，大運以生日前過去節氣日時為數，逆而行之。」這就是排列大運干支之法則。

茲將其綜合整理歸納如下：

①大運干支的排列，是以月柱的干支為主。

②凡陽年生男命（陽男），或陰年生女命（陰女），其大運干支之排列法是以四柱中月柱干支的次序順排，每一組干支各司十載之休咎吉凶。

③凡陽年生女命（陽女），或陰年生男命（陰男），其大運干支之排列法是以四柱中月柱干支的次序逆排，每一組干支亦是各司十載之休咎吉凶。

④由本月立節之始算到出生日時，陰男陽女適用；或是由出生日時算到本月中氣終了（即下月立節之始）止，陽男陰女適用。其折除換算法如次：

「三日折一歲。

一日折四月。

一時辰折十日。」（另附圖示於后）

大運的排列法是以四柱中的月柱，以及再依陰男陽女、陽男陰女之別而有順、逆不同的排列。此法雖是自古延傳下來的，但其仍依據著《易經》陰陽二氣之理而演繹，所以並沒有叛離命學理念的系統。

偶而看到李居璋先生的大作《現代八字雜談》（一九八四年四月・王家出版社發行）中之一篇文章：大運一律順排之探討。其文中不但以很有文學素養的態度來答覆問題，而且專精的術業知識，以及精密分析問題的關鍵，更是令人折服且不禁為其鼓掌叫好，尤其是再以關鍵問題反質對方，則更為精彩，為使各位能共享名家的涵養風範與專業知識，筆者特將其內容全文供錄於后：

——摘錄自《現代八字雜談》第一七一頁至一七三頁——

大運一律順排之探討

▲目下幾位研究子平學者，舉出驗例，主張「大運一律順排」較驗之說，提供幾點意見：

一、命學是自由研究，沒有限制、沒人干涉，各人基於理解或看法角度之不同，難期一致，亦多歧見，這是自然而常有之事。然，在研究方面，弟認為：對原有命學之改變或創新並無不可，但不如深入研究其理論之缺失（原命學之各種安排並非無的放矢，憑空杜撰，皆有所本）。及為其創建之新看法提出無懈可擊之理論基礎，否則難昭眾信。對於目下許多研究子平學者之上述新看法，弟因未詳其新看法之理論根據，故無法詳予置評，僅提供如下之看法，仍請指正。

二、傳統（古法）之大運排列法，均是從生月干支起，陽男陰女順行，陰男陽女逆行。此法乃基於陰陽有別，男女有異，而陰陽順逆不同而已。目下主張「大運一律順排」者，其看法也就是「陰陽不分」、「男女不分」了。

弟之看法，陰陽還是要分的，不能不分。因為「陰陽」與「五行」之結合，是命學之根本理則之一。如以六神來看，官與殺同是剋日主之五行，而官為陰陽相制，殺為陰陰、陽陽相制而有差別，這是盡人皆知的道理，也就是分陰陽而來的。「若不分則官殺、食傷、印綬梟神、劫財比肩，何以一物名而為二，而吉凶禍福迥不同耶？」

如陰陽不分，六神之理則均應改寫了，命將從何談起？（附及：古法有「陽生陰死、陰生陽死」之說，而十干陰陽各有生旺死絕，然亦有很多人主張「陰陽同生死」，而非議十干生旺死絕之古法者，亦是「陰陽不分」看法不同之歧見。

三、目下主張「大運一律順排」者，弟願質以下列幾點：古法分陰陽之說有何不當？不分陰陽有何理論根據？不分男女之異，其理論亦何在？

四、據弟所知某名女星及某名女作家均有一雙胞胎之弟弟，均是同辰生、雙方八字均相同，然某名女星及某名女作家均為名利雙收，其雙胞胎之弟弟卻恰恰相反。從男女行運之不同，尚可解釋，如按目下主張「大運一律順排」者之說法，則大運亦均相同，其成就之不同，此輩人士將何解釋？

近年來，由於研習五術各科目的人有日益增多的趨勢，而且其中之佼佼者，更是不可勝數，因此，一些的怪現象也就陸續地充斥且氾濫破壞了這片固有學術的寧靜園地，諸如假借宗教神明而大行其騙財騙色的勾當，更有一些為了出名而採為反對而反對之不擇手段，類此種種不正常的現象，實在不是吾修道者應該有的行為。

因此，對於前輩李居璋先生據理而破除歪理的精神，實在是值得吾等後生小輩學習的對象。

看完了以上的內容，相信您一定也會有所感觸吧！筆者相信這些感觸一定是善良的，因為它是發自我們的心靈深處，不是嗎？

好了，話題扯遠了，言歸正傳。在前面我們已談完了大運排列與換算的法則，現在茲舉一實例讓各位演練一下。所謂「心動不如行動」，計畫不付諸於實行，等於沒計畫；理論法則不實務去演練印證，僅能說是空談、空想而已。

所以，請各位也和我一起提筆練習練習。

四柱命式	大運
甲午	3 丙子
乙亥	13 丁丑
日主 己丑	23 戊寅
辛未	33 己卯
	43 庚辰

【例一】：乾造，民國四十三年（甲午）農曆十一月初五日未時出生，其四柱及大運如上表：

【解說】：

(1)此命為陽男，大運起始算法應由出生日時算到下月立節之時止。亦即自十一月初五日未時，算至十一月十四日子時大雪節止。

(2)計算實得八日又五時。再依換算法則：三日折一歲、一日折四個月、一時折十日，應為出生後二年九個月又二十天交大運。

(3)依據我國人習慣均以出生之年即謂一歲，翌年即兩歲，這是「虛歲」，不是實足年齡。大運干支上均以虛歲表示。

(4)故此大運起始歲數，則以三歲記之。但實際應為三歲欠七十天。

(5)按大運一組干支管十年、一干一支各管五年，則可以說：「每逢丁年或壬年白露後十四天交脫運。」

(6)至於(5)中之「每逢丁年或壬年白露後十四天交脫運」，從何而來？「交脫運」即換運也。由甲午年順數三年，即為丁酉年；再數五年，則為壬寅年即是也。

【例二】：乾造，民國三十七年四月九日午時出生，其四柱及大運為：

四柱命式		大運
戊子	(陽男)	07 戊午
丁巳		17 己未
壬寅	日主	27 庚申
丙午		37 辛酉

【解說】：

(1)六歲又二〇〇天上大運。

(2)每逢甲年或己年十月二十九日寅時交脫運。

【例三】：坤造，民國二十七年四月二十日丑時出生，其四柱及大運為：

四柱命式	大運	
戊寅（陽 女）	05 丙辰	45 壬子
丁巳	15 乙卯	55 辛亥
日主 辛亥	25 甲寅	65 庚戌
己丑	35 癸丑	75 己酉

【解說】：

(1)四歲多七十天上大運。

(2)每逢丁年或壬年七月初一日交脫運。

【例四】：乾造，民國十八年十一月十二日午時出生，其四柱及大運為：

四柱命式	大運	
己巳（陰 男）	03 乙亥	43 辛未
丙子	13 甲戌	53 庚午
日主 辛卯	23 癸酉	63 己巳
甲午	33 壬申	73 戊辰

【解說】：

(1)一歲多一九〇天上大運。

(2)每逢丙年或辛年五月二十二日交脫運。

【例五】：坤造，民國二十年正月初一日早子時出生，其四柱及大運為：

四柱命式		大運	
	辛未（女）	06辛卯	46乙未
	庚寅	16壬辰	56丙申
日主	癸卯（陰	26癸巳	66丁酉
	壬子	36甲午	76戊戌

【解說】：

(1)六歲欠十天上大運。

(2)每逢丙年或辛年十二月二十一日交脫運。

大運一組的干支，於運途上，它是司掌人生十年間之吉凶與休咎，因此排列的

農曆二月初五日生人

陰男陽女

陽男陰女初五日

中華民國六十四年 歲次 乙卯 西元一九七五年

太歲 姓方名清 屬兔

月別	農曆正月		農曆二月		農曆三月		農曆四月		農曆五月		農曆六月	
干支	戊	寅	己	卯	庚	辰	辛	巳	壬	午	癸	未
節氣	雨水	驚蟄	春分	清明	穀雨	立夏	小滿	芒種	夏至	小暑	大暑	
	初九未時 14時52分	廿四未時 13時1分	初九未時 14時0分	廿四酉時 18時6分	初十丑時 1時23分	廿五午時 11時45分	十二子時 0時52分	廿七申時 16時12分	十三巳時 9時5分	廿九丑時 2時42分	十五戌時 20時12分	
農曆	干支	國曆	干支	國曆	干支	國曆	干支	國曆	干支	國曆	干支	國曆
初一	戊子	2月11	戊午	3月13	戊子	4月12	丁巳	5月11	丁亥	6月10	丙辰	7月 9
初二	己丑	2月12	己未	3月14	己丑	4月13	戊午	5月12	戊子	6月11	丁巳	7月10
初三	庚寅	2月13	庚申	3月15	庚寅	4月14	己未	5月13	己丑	6月12	午戊	7月11
初四	辛卯	2月14	辛酉	3月16	辛卯	4月15	庚申	5月14	庚寅	6月13	己未	7月12
初五	壬辰	2月15	壬戌	3月17	壬辰	4月16	辛酉	5月15	辛卯	6月14	庚申	7月13
初六	癸巳	2月16	癸亥	3月18	癸巳	4月17	壬戌	5月16	壬辰	6月15	辛酉	7月14
初七	甲午	2月17	甲子	3月19	甲午	4月18	癸亥	5月17	癸巳	6月16	壬戌	7月15
初八	乙未	2月18	乙丑	3月20	乙未	4月19	甲子	5月18	甲午	6月17	癸亥	7月16
初九	丙申	2月19	丙寅	3月21	丙申	4月20	乙丑	5月19	乙未	6月18	甲子	7月17
初十	丁酉	2月20	丁卯	3月22	丁酉	4月21	丙寅	5月20	丙申	6月19	乙丑	7月18
十一	戊戌	2月21	戊辰	3月23	戊戌	4月22	丁卯	5月21	丁酉	6月20	丙寅	7月19
十二	己亥	2月22	己巳	3月24	己亥	4月23	戊辰	5月22	戊戌	6月21	丁卯	7月20
十三	庚子	2月23	庚午	3月25	庚子	4月24	己巳	5月23	己亥	6月22	戊辰	7月21
十四	辛丑	2月24	辛未	3月26	辛丑	4月25	庚午	5月24	庚子	6月23	己巳	7月22
十五	壬寅	2月25	壬申	3月27	壬寅	4月26	辛未	5月25	辛丑	6月24	庚午	7月23
十六	癸卯	2月26	癸酉	3月28	癸卯	4月27	壬申	5月26	壬寅	6月25	辛未	7月24
十七	甲辰	2月27	甲戌	3月29	甲辰	4月28	癸酉	5月27	癸卯	6月26	壬申	7月25
十八	乙巳	2月28	乙亥	3月30	乙己	4月29	甲戌	5月28	甲辰	6月27	癸酉	7月26
十九	丙午	3月 1	丙子	3月31	丙午	4月30	乙亥	5月29	乙巳	6月28	甲戌	7月27
二十	丁未	3月 2	丁丑	4月 1	丁未	5月 1	丙子	5月30	丙午	6月29	乙亥	7月28
廿一	戊申	3月 3	戊寅	4月 2	戊申	5月 2	丁丑	5月31	丁未	6月30	丙子	7月29
廿二	己酉	3月 4	己卯	4月 3	己酉	5月 3	戊寅	6月 1	戊申	7月 1	丁丑	7月30
廿三	庚戌	3月 5	庚辰	4月 4	庚戌	5月 4	己卯	6月 2	己酉	7月 2	戊寅	7月31
廿四	辛亥	3月 6	辛巳	4月 5	辛亥	5月 5	庚辰	6月 3	庚戌	7月 3	己卯	8月 1
廿五	壬子	3月 7	壬午	4月 6	壬子	5月 6	辛巳	6月 4	辛亥	7月 4	庚辰	8月 2
廿六	癸丑	3月 8	癸未	4月 7	癸丑	5月 7	壬午	6月 5	壬子	7月 5	辛巳	8月 3
廿七	甲寅	3月 9	甲申	4月 8	甲寅	5月 8	癸未	6月 6	癸丑	7月 6	壬午	8月 4
廿八	乙卯	3月10	乙酉	4月 9	乙卯	5月 9	甲申	6月 7	甲寅	7月 7	癸未	8月 5
廿九	丙辰	3月11	丙戌	4月10	丙辰	5月10	乙酉	6月 8	乙卯	7月 8	甲申	8月 6
三十	丁巳	3月12	丁亥	4月11			丙戌	6月 9				

正確、錯誤，實是對論斷有著莫大的決定要素，故《三命通會》亦有訓示云：「大運者，乃八字之表裏也。取用當度其深淺，成歲須較夫多寡。」由是之故，還望各位要特別謹慎地計算為是，否則影響論斷結果之正確與否鉅深矣！

二、小運排列法

八字命學有關「運限」的理論，除了前面已介紹過的「大運」外，另尚有「小運」與「流年運」兩種。本節即針對「小運」作闡述，但由於其複雜且莫衷一是，因此筆者較少採用。然而，為使各位滿足求知的權利，特將古法中有關小運起法彙集整理並概釋於下：

第一種：珞琭子法

《星平會海》眉註：「珞琭子，初為蘭台御史之職，而幼年有慕子平之理。」另古籍亦載：「珞琭子者，不知何許人？古之隱士也。自謂：『珞琭子』，一、為布德立儀，二、乃指歸成敗。歲時綿邈，斯文盛行，洞鑒人倫，為世所寶，故以『珞琭子』稱之。」。

【法則】：

不論陰陽男女，男一律從丙寅起一歲順行；女從壬申起一歲逆行。

第二種：李虛中法

李虛中，字常容，魏尚書僕射李沖之八世孫；進士出身，唐憲宗元和年間，官至殿中侍御史。韓愈曾為其作墓誌銘。

【法則】：

男從寅，女從申起一歲，再依生年起五虎遁，所遁得之干即作為小運之干，一律順行。

第三種：時上起小運法

此說始於《五行生剋賦》、《三命通會》均有記載之。

【法則】：

均以生時（柱）為主。

陽男、陰女從時柱進一位起一歲，順行。
陰男、陽女從時柱退一位起一歲，逆行。

第四種：大運與歲運合參

宋曇瑩註《消息賦》云：

「譬如戊辰木人（戊辰為大林木）九月生，大運作五歲，起於壬戌，六歲交癸亥（言大運），十六歲交甲子。所謂起於壬戌者，即九月月建也，可見未交大運以前，從一歲至五歲，即以月建壬戌為運程，以此與太歲合參，似較行年小運為有根據矣。」

看完了以上四種的起小運說法，相信各位也和筆者一樣被古人搞迷糊了，到底要依循何者才是正確的？其實也並非只有咱們如此，連先賢命理大師陳相國素庵先生亦忍不住而發表指責的觀點，其云：「舊書有大小運。所謂大運者，即從生月順行或逆行，一運管十年是也。所謂小運者，男一歲起丙寅，順行二歲丁卯，三歲戊辰；女一歲起壬申，逆行二歲辛未，三歲庚午是也。

夫大運分陰陽年，男女從月建起，其理有根，且人各不同，吉凶易辨。若小運則不論何年何月所生男女，俱起丙寅壬申，其理不確，且凡人皆然，吉凶何憑乎？況有大運及流年，頭緒已多，更加以小運，紛紜愈甚，眩感愈甚矣，故削之。

又舊書有從生時起小運者，如男生陽年甲子時，則一歲為乙丑，二歲為丙寅，三歲為丁卯；男生陰年甲子時，則一歲為癸亥，二歲為壬戌，三歲為辛酉，女命反是。要之，皆生造之說，不足據也。」

因此，筆者在此亦不妨建議各位，日後若有要替人論斷小兒的運途時，則直接依其生月建（即月柱之干支），配合逐年的干支相互參研即可。畢章這個法則較合乎自然氣數之理，至於其餘之古法，除非你有十成十的把握，或是有「家傳秘笈」（趕快來信或來電告知筆者，先謝了），或是有多年實務論斷數據，否則，還是選擇較具自然道理的論斷法則較為穩實妥當。

三、流年運排列法

流年運與小運所司掌的時間一樣，均是一年。流年一組的干支是由年柱干支逐輪轉而產生，此流年即是平常我們所謂的「太歲」。

六十甲子年中，每一年均有其所司的「太歲」。

(1) 認識太歲

太歲者，歲君也，屬火，古人依神化意識而想像出來之歲神，併以一年一神統領諸天神煞，周流交替循環之。茲先將六十甲子太歲神名列示如下，供為參考。

〈六十甲子太歲神名表〉

年干支	太歲名	年干支	太歲名	年干支	太歲名	年干支	太歲名	年干支	太歲名	年干支	太歲名
甲子	金赤	甲戌	誓廣	甲申	方公	甲午	張詞	甲辰	李成	甲寅	張朝
乙丑	陳泰	乙亥	吳保	乙酉	蔣耑	乙未	楊賢	乙巳	吳逐	乙卯	方清
丙寅	沈興	丙子	郭嘉	丙戌	向般	丙申	管仲	丙午	文折	丙辰	辛亞
丁卯	耿章	丁丑	汪文	丁亥	封齊	丁酉	庚傑	丁未	僇丙	丁巳	易彥
戊辰	趙達	戊寅	曾光	戊子	郢斑	戊戌	姜武	戊申	俞志	戊午	姚黎
己巳	郭燦	己卯	伍仲	己丑	潘儘	己亥	謝壽	己酉	程寅	己未	傅悅
庚午	王清	庚辰	重租	庚寅	鄔桓	庚子	虞起	庚戌	化秋	庚申	毛倖
辛未	李素	辛巳	鄭德	辛卯	范寧	辛丑	湯信	辛亥	葉堅	辛酉	文政
壬申	劉旺	壬午	路明	壬辰	彭泰	壬寅	賀諤	壬子	邱德	壬戌	洪范
癸酉	康志	癸未	魏明	癸巳	徐舜	癸卯	皮時	癸丑	林薄	癸亥	虞程

《協記辨方・神樞經》云：

「太歲人君之象，率領諸神統正方位，斡運時序，總成歲功，以上元閼逢，困敦之歲起建於子，歲徙一位十二年一週，若國家巡狩省方，出師略地，營造宮闕，開拓封疆，不可向之。黎庶修營宅舍，築壘墻垣，並須迴避。」

《黃帝經》云：「太歲所在之辰，必不可犯。」

曹震圭云：「太歲者，歲星也。故木星十二年行一周天，一年行一次也。」

另《三命通會》對其解釋的更為清楚且明朗，其云：

「夫太歲者，年中天子，一歲諸神殺之尊，統正方位，迴送六氣，遷運四時，以成歲功，至尊無上，若人遇剋衝壓伏，皆為不祥之兆。運者，協和二十四氣，轉運一生休咎，扶持四柱，輔弼三元。運與流年二者，相為表裏，乃人命禍福死生所係。」

因此，一般俗謂「犯太歲」，「坐太歲」，均不吉即是源自於此。

⑵太歲的種類

有關「太歲」所具有的徵象與意義，相信各位必然已有所瞭解。
再者，「太歲」依其種類又可分為二種，如下：
㈠當生太歲：即是四柱中之年柱。
㈡遊行太歲：即是逐年用以記年的干支，又稱為「流年」。
《三命通會》曰：「夫太歲者，乃一歲之主宰，諸神之領袖。其說有二：如四柱中生年曰『當生太歲』；如逐年輪轉曰『遊行太歲』。當生太歲，乃終身之主；逐年太歲遊行十二宮，定一生之禍福，為四時之吉凶。」

儘管「太歲」有二種不同的觀點和說法，但若於實務應用時，除了要與四柱命式相互參研外，另亦要與大運配合論斷，如此地綜合命局、歲運之研判與考量，才是真正地能將人之一生吉凶禍福完全地掌握，且適時地付予輔助與開導。

四、結語

命理學有「歲運」的理論，主要的目地就是藉以探討人一生運途中的吉凶禍福。但自古以來，「命運」二字在一些文人騷客的筆中，盡都是以一些無奈與感傷的詞字來形容、來發洩，如俗語「人生如夢、夢如人生」，「人生如舞台」，另呂蒙正於其〈嘆世文〉中，更是一絲不掛地裸露表達出其對「命運」的領悟與無奈。筆者亦曾於某本書上看過一段言「命運」之感觸文字，其內容很富有體悟人生的價值，特將摘錄如下：

「年年歲歲花相似，歲歲年年人不同。

人的命好比一部車子，運好比道路，

命好運好，少年英發，平步青雲，到老榮昌。

命劣運劣，榮碌一生，終身貧賤。

命好運劣，懷才不遇，龍游淺水遭蝦戲，虎遇平洋被犬欺。

命劣運好，小草逢春，滋榮一時。

人生本就如夢似戲，觀呂蒙正之嘆世文，當有所悟。」的確，白雲蒼狗、滄海桑田、世事多變，又有誰能料得?另將宋•呂蒙正之《勸世文》供錄於后。

因此，筆者每每於授課之便，一定會灌輸學員「輔導」的觀念。用命理或風水的專業知識，作為人性心理「輔導」的工具，摒棄江湖「嚇」字訣求利的心理，達成五術一脈助人趨吉避凶之神聖使命。如此亦方不負研習五術的一片苦心。最後引用一句俗諺作為你我共同的警惕與互勉。

「水能載舟，亦能覆舟。」

〈附錄〉

一、推「胎元」之法：

【法則】：

是以四柱命式的月柱為起點，依天干字順數一位，地支字順數三位，即是該命造之「胎元」。古以為先天視之。

二、推「息元」之法：

是以日柱為準，取與日柱相合的干支，即是為「息元」。古以為後天視之。

另有「變元」，即時柱的干支合；「通元」，即用生年五虎遁所求得的命宮干支。此二種元加上前述的二種元，即是為江湖派造流年時所用以依據的「先天八字」，但實無多大的意義與應驗，故僅略微概述介紹供讀者參考耳。

──《勸世文》．宋．呂蒙正──

蜈蚣百足、行不及蛇；雄雞兩翼、飛不過鴉。

馬有千里之程，無騎不能以自往；

人有沖天之志，非運不能以自通。

蓋聞人生在世，富貴不能淫，貧賤不能移。文章蓋世，孔子厄於陳邦；武略超群，太公釣於渭水；顏淵命短，殊非凶惡之徒；盜跖年長，豈是善良之輩；堯帝明聖，卻生不肖之兒；瞽叟愚頑，反生大孝之子；漢王柔弱，竟有萬里江山；諸葛力無縛雞，拜作漢朝名相；李廣有射虎之威，到老無封；馮夷有乘龍之才，一生不遇；楚霸英雄，敗於烏江自刎；韓信未遇之時，無一日之餐，及至遇行，腰懸三齊玉印，一旦時衰，死於陰人之手。有先貧而後富，有老壯而少衰。滿腹文章，白髮竟然不中；才疏學淺，少年及第登科。深院宮娥，運退反為妓妾；風流妓女，時來配作夫人。青春美女，卻招愚蠢之夫；俊秀郎君，反配粗醜之婦。蛟龍未遇，潛水於魚鱉之間；君子失時，拱手於小人之下。衣服雖破，常存儀禮之容；面帶憂愁，每抱懷安之量；時遭不遇，只宜安貧守分；心若不欺，必有揚眉吐氣之日。初貧君子，天然骨格生成；乍富小人，不脫貧寒肌體。天不得時，日月無光；地不得時，草木不生；水不得時，波浪不靜；人不得時，限運不通。

注福注祿，命裡已安排定，富貴誰不欲，人若不依根基八字，豈能為卿為相？吾昔寓居洛陽，朝求僧餐，暮宿破窯，思衣不可遮其體，思食無可濟其飢，上人憎、下人厭，人道我賤，非我不棄也。今居朝堂極品，位置三公，身雖鞠躬於一人之下，而列職於千萬人之上，思衣而有羅錦千箱，思食而有珍饈百味，上人寵、下人擁，人道我貴，非我之能也。此乃時也、運也、命也。

嗟乎！人生在世，富貴不可盡用，貧賤不可自欺，聽由天地循環，週而復始焉。一生皆由命，半點不由人。

按：呂蒙正，字聖功，宋朝河南省洛陽人。《中國人名大辭典》對其之事蹟概略記載：「太平興國中擢進士第一，累擢中書侍郎兼戶部尚書、平章事；蒙正質厚寬簡，有重望，以正道自持，遇事敢言；至道初判河南府，政尚寬靜，委任僚屬，事多總裁而已；咸平中授太子太師，封蔡國公，改封許；景德中歸洛，帝謂曰：『卿諸子，孰可用？』對曰：『有侄夷簡，宰相才也。』富弼年十餘歲，蒙正一見，驚曰：『此兒他日名位與吾似，而勳業遠過於吾。』。其知人，類如此。卒謚文穆。」

此則《勸世文》詞簡意賅，寓喻深遠，發人省悟。尤其是對正處於時下拜金主義的社會型態，「名利」二字，實在是令人又愛、又恨、又怕，取之有道，名利雙收；取之無道，身敗名裂。

第七章　關煞的介紹與釋義

前言

「關煞」，可說是命理學上的一大特色，它不但具有令人聞之畏懼、驚嚇的威力外，還具有令古之聖賢起而大辯其存廢與虛實的魅力。如任鐵樵於《滴天髓》註云：「……混看奇格異局，一切神殺荒唐取用，桃花咸池，專論女命邪淫受責鬼神；金鎖鐵蛇，謬指小兒關煞，憂人父母。……至於奇格異局，神煞納音諸名目，乃好事妄造，非關命理休咎，若據此論命，必致以正為謬，以是為非，訛以傳訛，遂使吉凶之理，昏昧難明矣！」

另《命理約言》陳素庵亦云：「舊書稱神煞，……一一細推，毫無義理者，十嘗七八，且一字每聚吉凶神煞十餘，福禍何以取斷？此皆術家逞臆妄造，每一書出，則增數種，欲以何說惑人，即立何等名色，往往數煞只是一煞。……考定神煞如天德、月德、貴人、月將、空亡之類，皆有義理，其餘從太歲起者為真，不從太歲起者為妄；真者精擇而存之，妄者悉舉而削之。或疑相沿既久，未必無驗，不知人命吉凶，皆由格局運氣，安可偶合神煞而信之。且如桃花、流霞、紅艷等煞，為男女淫慾之徵，然端人正士，烈女貞夫犯之者甚多。況桃花煞亥卯未在子，寅午戌在卯，巳酉丑在午，申子辰在酉，皆五行正印；流霞煞如乙遇申乃正官，丙遇寅乃長生，辛遇酉乃祿神，何所見其褻乎？且春花無不妖冶，何獨桃花為淫花？干支字面相見，有何紅色艷態？神煞誕妄，皆此類也；但一一闢之，太費辭說，達理之士，自當曉然耳……」。

張楠《神峰通考命理正宗》更是闢謬曰：「呂才合婚書，豈有是理？……今之擇婚擇命，不過欲盡父母愛子之心，男之擇女也，八字貴看夫、子二星；女之擇男也，八字貴得中和之道。……骨髓破，鐵掃帚，六害，大敗，狼籍，飛天狼籍，八敗，孤虛謬說，此說原止是將人十二支所屬生年，浪以月家一字為犯，豈有是理耶？蓋論人之禍福，以年月日時四柱俱全，更加地支所藏配合，論人休咎，尚不可得；而以年月二字，不與日時相關，斷頭絕腳為說，不特立諸空言，而且刻諸板籍，妄立險語，以駭人之聽信，後世愚夫愚婦，遂以為真。或有斯犯，即駭而驚。或有高明知其果於無驗，以破其說，彼亦不信，且言曰：『此是神仙留記，若果無驗，安肯刻板。』

又有登科及第，止讀儒書，未諳此理，或亦酷信，遂使下愚之人曰：『此上人尚且信之，我何疑焉？』一犬吠形，百犬吠聲。又或八字果係偏枯、太弱、太旺，有病無藥，兼帶謬說；愚人且不以八字正理不好為說，只浪怨帶此謬說之害。又或浪聽愚人諺語，飛天狼籍是八敗耶？此非君子之言，齊東野人之語也。

愚謂此等妄語，刊諸板籍，必須焚其板，火其書，而後可耶！」

看完了以上諸古聖賢之論，不知各位會有何感想？然而，問運途的吉凶禍福，父母關愛子女的心態，男女感情婚嫁之問題，以及錢財多寡之殷切等等，均是自古論命者所汲汲欲知的傳統習慣。

因此，對於古聖賢們的苦苦叮嚀，且旁徵博引的闢謬吶喊，也僅是以知之者知之的態度而聊備一格視之。

然而，據筆者多年的論命經驗與研習心得，可提供些微之愚見，供作各位參考徵驗。那就是「神煞」不能盡信，亦不可照章全收，否則保證你會批的滿盤全神煞，而無所依據。另外，對於神煞其所立論背後所隱藏的真諦意義，最好多下些功夫、心思去理解與體會。如此一來，相信對於延傳已久的複雜神煞名目，一定可以清晰且順利地分類與抉擇。

一、吉神星

(1)天乙貴人——《星平會海》歌訣云：「甲戊庚牛羊。乙己鼠猴鄉。丙丁豬雞位。壬癸兔蛇藏。六辛逢馬虎。此是貴人方。命中如遇此，定作紫微郎。」註云：天乙，天之貴人，乃天上之神，命中遇此，出入近貴，逢凶化吉。

日柱天干	天乙貴人
甲戊庚	丑未
乙己	子申
丙丁	亥酉
壬癸	巳卯
辛	午寅
天乙貴人不入辰	戌（天羅地網）宮

《三命通會》釋云：「天乙其神最尊貴，所至之處，一切凶殺隱然而避。」

《燭神經》云：「天乙貴人遇生旺，則形貌軒昂，性靈穎悟，理義分明，不喜雜術，純粹大器，身蘊道德，眾人欽愛；死絕則執拗自是，喜遊近貴，與劫殺併，則貌厚有威，多課足計；與官符併，則文翰飄逸，高談雄辯；與建祿併，則文翰純實，濟惠廣遊，君子人也。」又云：「天乙貴人命中最吉之神，若人遇之則榮，功名早達，官祿亦易進。如皆乘旺氣，終登大位，大小運行年至此，亦主遷官進財，一切加臨至此，皆為吉兆。凡貴人所臨之處，大概喜生旺、無沖破、道理順、不落空亡為佳。」

另，與天乙同為貴人之星是為「玉堂貴人」。「天乙」為陽貴人，「玉堂」為陰貴人。紫微斗數稱「天魁、天鉞」是也。

其發揮之徵驗時效為：

①陽貴人：

依時辰言：子時至午時。

依日出沒言：寅時後，或有言卯時後。

依四時言：冬至後，夏至前。

②陰貴人：

依時辰言：午時至子時。

依日出沒言：申時後，或有言酉時後。

依四時言：夏至後，冬至前。

⑵天官貴人——《星平會海》歌訣云：「天官遁甲入羊群。乙誨青龍事可陳。

丙見巳兮為官貴。丁見酉兮戌戌尋。己用卯兮庚直亥。辛喜申兮壬愛寅。六癸之人逢見午。必作清朝顯代人。」註云：天官，要天元清秀不反剋納音，而福神助為吉。福神者，財、官、印也。命中帶天官者，多主作事順利，如願以償。

天干	甲	乙	丙	丁	戊	己	庚	辛	壬	癸
天官貴人	未	辰	巳	寅	卯	酉	亥	酉	戌	午

(3)福星貴人——《星平會海》歌訣云：「甲丙相逢入虎鄉。更逢鼠穴最高強。戊猴己未丁宜酉。乙貴逢牛福祿昌。庚趁馬頭辛到巳。壬騎龍背喜非常。此為有福文星貴。遇者應知受寵光。」

「福星貴人」依五虎遁而遁出食神之干支。不宜衝破。

食神天干	甲	乙	丙	丁	戊	己	庚	辛	壬	癸
福星貴人	丙寅 丙子	丁亥 丁丑	戊戌	己酉	庚申	辛未	壬辰	癸巳	甲辰	乙卯 乙丑

(4)天德貴人——《星平會海》歌訣云：「正丁二坤中。三壬四辛同。五乾六甲上。七癸八寅同。九丙十歸乙。子巽丑庚中。」《子平賦》云：「印綬得同天德，

官刑不犯，至老無殃。」

月柱地支	寅	卯	辰	巳	午	未	申	酉	戌	亥	子	丑
天德貴人（日柱干或支）	丁	申	壬	辛	亥	甲	癸	寅	丙	乙	巳	庚

註：陳素庵認為四仲月（子、午、卯、酉四月）無天德。

(5)月德貴人——《星平會海》歌訣云：「寅午戌月在丙。申子辰月在壬。亥卯未月在甲。巳酉丑月在庚。」《三命鈐》云：「天德者，五行福德之辰。若人遇之，主登台輔之位，更有月德併者尤好，縱有凶殺亦主清顯。」《心鏡五七賦》云：「天月二德為救神，百災不為凶。」

月柱地支	寅	午	戌	亥	卯	未	申	子	辰	巳	酉	丑
月德貴人（日柱天干）	丙			甲			壬			庚		

天月二德，人命帶之，若不逢其他各柱的干支沖剋刑害所破，是為吉上加吉，且有逢凶化吉之功效。如閻東叟云：「貴神在位，諸殺伏藏；二德扶持，眾凶解散。凡命中帶凶殺，得此二德扶化，凶不為甚，須要日上見，時上不犯剋衝刑破方吉。

凡人得之，一生安逸，不犯刑，不逢盜，縱遇凶禍，自然消散。與三奇、天乙貴人同併，尤為吉慶，或財官印綬食神變德，各隨所變，更加一倍之福。入貴格，主登科甲，得君寵任，或承祖蔭，亦得顯達。入賤格，一生溫飽，福壽兩全，縱有蹇滯，亦能守分固窮，不失為君子。女命得之，多為貴人之妻。」陳素庵亦有分解云：「人命值此二德，多多益善，吉者增吉，凶者減凶，臨於財、官、印、食，福力倍隆。即臨於梟、殺、劫、傷，暴橫可化。若二德自遭沖刑，則亦無力。」

(6)三奇貴人——《星平會海》歌訣云：「天上三奇甲戊庚。地下三奇乙丙丁。人中三奇壬癸辛。若人命直三奇貴。三元及第冠群英。」註云：三星要順者是，倒亂者非。

「三奇」，原本是奇門之法，《三命通會》云：「凡命遇三奇，主人精神異常，襟懷卓越，好奇尚大，博學多能。帶天乙貴人者，勳業超群；帶天、月德者，凶災不犯；帶三合入局者，國家柱石；帶官符劫殺者，器識宏遠；帶空亡生旺者，脫塵離俗、富貴不淫、威武不屈；值元辰、咸池衝破，天羅地網者為無用。」

(7)文昌貴人──《六壬袖金》歌訣云：「甲乙巳午報君知，丙戊申宮丁己雞，庚豬辛鼠壬逢虎，癸人見兔入雲梯。」命中帶文昌貴人，主其人聰明秀氣，官重位高，天生具有文學藝術之才華，儀表文雅、談吐不俗。目講師云：「文昌足學飽經才，南極祥光照玉台，乾坤久固天齊福，神仙來慶壽筵開。」

日柱天干	甲	乙	丙	丁	戊	己	庚	辛	壬	癸
文昌貴人	巳	午	申	酉	申	酉	亥	子	寅	卯

註：祿前三位是「文昌」。

(8)太極貴人──《星平會海》歌訣云：「甲乙生人子午中。丙丁雞兔定亨通。戊己兩子臨四季。庚辛寅亥祿盈豐。壬癸巳申偏喜美。值此應當福氣鍾。」註云：太極者，初始也，乃成收也。物有歸曰「極」，貴乎始終相得。

生年天干	甲	乙	丙	丁	戊	己	庚	辛	壬	癸
太極貴人（科名星）	子午	子午	卯酉	卯酉	辰戌丑未	辰戌丑未	寅亥	寅亥	申巳	申巳

命中帶太極貴人，主其人事業有成，社會地位高，學術方面有傑出且獨當一面的表現，受人敬仰。

⑼天廚貴人——《星平會海》歌訣云：「甲丙愛行雙女遊。乙丁獅子巳金牛。戊坐陰陽庚魚腹。二千石祿坐皇州。癸用天蝎壬人馬。辛到寶瓶祿自由。此是天廚注天祿。令人福慧兩優游。」註云：此主倉祿之貴，乃登科進祿遇之，大吉。

生年天干	甲	乙	丙	丁	戊	己	庚	辛	壬	癸
天廚貴人	巳	午	子	巳	午	申	寅	午	酉	亥

天廚入命，男主才華兼備，仕途得意。女主風華無雙，入選貴婦之列，膺五福之榮。

⑽將星——《神峰通考》歌訣云：「寅午戌見午，申子辰見子，巳酉丑見酉，亥卯未見卯，此為將星。」《洞元經》云：「將軍處乎中軍，華蓋張於庫上是也。」此星入命，其人定有傑出的成就。

按：將星、武星，處女座中之中央一大星、天之大將也。其位在華蓋之下，婁宿之北。《三命通會》云：「將星常欲吉星扶，貴殺加臨，乃為吉慶。」古籍載曰：「將星文武兩相宜，祿重權高足可知。」故將星坐殺刃，主掌生殺之大權，若是坐財，則掌管財政之大權，若坐正官，主司掌權柄。

日柱地支	寅	午	戌	申	子	辰	巳	酉	丑	亥	卯	未
將星	午			子			酉			卯		

⑾華蓋星——《神峰通考》歌訣云：「寅午戌生見戌，亥卯未生見未，申子辰生見辰，巳酉丑生見丑，此為華蓋。」若是命中帶之，主其人聰慧神明，境界超凡，但嫌孤僻自處。如遇空亡，則不免為僧為道，或孤或寡。

日柱地支	申	子	辰	亥	卯	未	寅	午	戌	巳	酉	丑
華蓋	辰			未			戌			丑		

《三命通會》載曰：「人命得華蓋，多主孤寡，縱貴亦不免孤獨作僧道。」《燭神經》曰：「華蓋為庇陰清神，主人曠達神清、性靈恬澹寡慾，一生不利財物，惟

與夾貴併則為福，清貴特達。」《理愚歌》曰：「華蓋雖吉亦有妨，或為⿰女唐子或孤霜，填房入贅多闕口，鑪鉗頂笠披緇黃。」又曰：「華蓋星辰兄弟寡，天上孤高之宿也，生來若在時與胎，便是過房庶出者。」《三車一覽》云：「華蓋重重，勤心學藝。」又云：「華蓋乃聰明之士。」又云：「華蓋逢空偏宜僧道。」

另有「華蓋自墓」名稱之神煞，其即華蓋星自坐墓庫，有氣，主有福壽。一般而言，命帶華蓋自墓者，大都不為正式的政府官員，就算是有，也無法任主管之官貴，但若往宗教界發展，反可成其中之佼佼者，甚可擁有一代宗師的頭銜。

生年地支	子	丑	寅	卯	辰	巳	午	未	申	酉	戌	亥
華蓋自墓	壬辰	乙丑	甲戌 戊戌	癸未	壬辰	乙丑	甲戌 戊戌	癸未	壬辰	乙丑	甲戌 戊戌	癸未

「華蓋自墓」必須要配合「六十甲子納音法」。如巳酉丑年生人，華蓋為丑，丑為金之墓庫，乙丑海中金，方為華蓋自墓。其餘之丁丑、己丑、辛丑、癸丑則非。

為便利各位查閱，特將六十甲子納音表附於下：

「甲子、乙丑，海中金。

丙寅、丁卯，爐中火。

戊辰、己巳，大林木。
庚午、辛未，路傍土。
壬申、癸酉，劍鋒金。
甲戌、乙亥，山頭火。
丙子、丁丑，澗下水。
戊寅、己卯，城頭土。
庚辰、辛巳、白鑞金。
壬午、癸未，楊柳木。
甲申、乙酉，泉中水。
丙戌、丁亥，屋上土。
戊子、己丑，霹靂火。
庚寅、辛卯，松柏木。
壬辰、癸巳，長流水。
甲午、乙未，沙中金。
丙申、丁酉，山下火。

戊戌、己亥，平地木。
庚子、辛丑，壁上土。
壬寅、癸卯，金箔金。
甲辰、乙巳，覆燈火。
丙午、丁未，天河水。
戊申、己酉，大驛土。
庚戌、辛亥，釵釧金。
壬子、癸丑，桑拓木。
甲寅、乙卯，大溪水。
丙辰、丁巳，沙中土。
戊午、己未，天上火。
庚申、辛酉，石榴木。
壬戌、癸亥，大海水。」

⑿**驛馬**——《星平會海》歌訣云：「寅午戌馬居申，申子辰馬居寅，巳酉丑馬

在亥，亥卯未馬在巳。喜長生、臨官，祿貴；忌空亡、病、絕、孤、虛。」註云：「有馬必要鞍，必要欄方好。馬前為『鞍』，馬后為『欄』。

日柱地支	申子辰	亥卯未	寅午戌	巳酉丑	寅、申、巳、亥為四生地。
驛馬	寅	巳	申	亥	

《命理約言》曰：「命中吉神為馬，大則超遷之喜，小則順動之利。凶神為馬，大則奔蹶之患，小則馳奔之勞。逢衝譬之加鞭，遇合等於掣足，行運流年亦然。然皆比擬如此，非真驛遞之驛，車馬之馬也（「驛」為古代傳遞文書的機關，「驛馬」即為傳遞文書所使用的交通工具）。」《燭神經》云：「驛馬生旺，主人氣韻凝峻，通變趨時，平生多聲望；死絕則為性有頭無尾，或是或非，一生少成，漂泊不定。與祿同鄉，則福力優游；與煞相沖併或孤神、弔客、喪門併者，離井背鄉之人，或為僧道，或為商賈。」另亦有「馬頭帶劍，威鎮邊疆」《造微論》，以及「祿馬交馳」等。其應用的範圍甚廣，請各位務必多收集資料。

年支	子	丑	寅	卯	辰	巳	午	未	申	酉	戌	亥
祿馬交馳	寅 甲	亥 壬	申 庚	巳 丙戊	寅 甲	亥 壬	申 庚	巳 丙戊	寅 甲	亥 壬	申 庚	巳 丙戊

⒀**十天祿**——《星平會海》歌訣云：「甲祿在寅，乙祿在卯，丙、戊祿在巳，丁、己祿在午，庚祿在申，辛祿在酉，壬祿在亥，癸祿在子。」註云：祿乃官祿也。當得勢而已，乃謂之祿。故喜生旺、忌休囚。如有祿者，必得羊刃以衛之，方可言福。

日柱天干	甲	乙	丙	丁	戊	己	庚	辛	壬	癸
十天祿	寅	卯	巳	午	巳	午	申	酉	亥	子

《三命通會》載曰：「建祿者，主人肌厚氣實，體格不清，一生安逸，足財利，生旺則然；死絕則氣濁神慢，吝嗇猥鄙；與元辰併，因摴蒱得財，復因此敗；與官符併，因官門得財，或多爭訟；與劫殺併，好賤技小商，不義橫財；與天中（即空亡）併，多遺失破財；與祿鬼、倒食併，多因賒貸牙儈，得財至死不通，惟財是念。」

一般而言，祿亦有因年、月、日、時柱不同而有不同的稱謂：

(1)祿在年支——歲祿、背祿。

(2)祿在月支——建祿。

(3)祿在日支——專祿。

(4)祿在時支——歸祿。

《洞元經》載曰：「凡命帶祿，最怕犯沖，謂之『破祿』，如甲以寅為祿，見申；乙以卯為祿，見酉；則氣散不聚，貴人停職剝官，眾人衣祿不足。」

斗數中亦有祿、馬之應用，但基於不屬於此範圍的科目，因此有興趣者，不妨逕行購閱拙著《全方位論斗數》（益群書店發行）參詳即可。

⒁**月將**——即每月中氣，太陽所躔的軌道。清陳素庵曰：「月將者，每月中氣後，太陽躔次也。太陽所臨，吉增凶散，其作用與天月二德同。……較太陽三合將星尤為親切，即值空亡，亦不以空論。蓋太陽為諸曜之主，管三旬之事，不可得而空也。」

月將須以節氣為主，即「正月雨水後在亥，二月春分後在戌，三月穀雨後在酉，四月小滿後在申，五月夏至後在未，六月大暑後在午，七月處暑後在巳，八月秋分後在辰，九月霜降後在卯，十月小雪後在寅，十一月冬至後在丑，十二月大寒後在子。」

茲將有關「月將」資料整理列表如下：

月令	節氣	月將	別名	別名
雨水	驚蟄	亥	功曹	娵訾
春分	清明	戌	太衝	降婁
穀雨	立夏	酉	天罡	大梁
小滿	芒種	申	太乙	實沈
夏至	小暑	未	勝光	鶉首
大暑	立秋	午	小吉	鶉火
處暑	白露	巳	傳送	鶉尾
秋分	寒露	辰	從魁	壽星
霜降	立冬	卯	河魁	大火
小雪	大雪	寅	登明	析木
冬至	小寒	丑	神后	星紀
大寒	立春	子	大吉	玄枵

月將若在日支，是謂「月將扶身」，是為領袖之貴格。命中有天德者，最喜月將加臨，《淵海子平》云：「月將德合逢日貴，名登八座。」另古籍有載：「將星扶德貴人期，名顯京華折桂枝；暗合貴神來拱助，八座威權定不虛。」

除了上述所介紹的吉神外，筆者另將《星平會海》中所記載的資料摘錄整理如后，供作參考。

〔天福貴人〕甲愛金雞乙愛猴　丁豬丙鼠巳寅頭　戊尋玉兔庚壬馬
辛癸逢蛇福祿優　此為六甲官星貴　士人談笑覓封侯

〔文星貴人〕庚辛丙戊逢申貴　壬寅癸兔甲蛇當　註云：主文學聰明

〔月德合〕 丁己金牛乙逐馬　六辛逢戌貴人鄉
寅午戌月在辛　申子辰月在丁
亥卯未月在己　巳酉丑月在乙

〔節度貴人〕甲丙戊人入巳鄉　乙己丁壬在未當
庚及壬人逢亥是　癸辛遇丑最為良

〔天廚祿〕一名食神祿。假如甲生人逢巳，是甲食丙，丙戊祿在巳。乙生人逢午，是乙食丁，丁己祿在午。他倣此。

〔論天祿〕假如甲生人見丙，是甲祿在寅。甲年遁見丙寅，不必見寅，見丙子、丙戌、丙申、丙午、丙辰，便為天祿。乙生人見巳亦是，他倣此。

〔生成祿〕假如甲乙生人，甲祿在寅，乙祿在卯，逢甲寅乙卯。庚辛生人逢庚申、辛酉是也。只此四位，其餘不是。

〔連珠祿〕如丁巳生人見戊午，戊午生人見丁巳，蓋丁祿居午，戊祿在巳，只此二位相連交互是也。其餘不是。

〔朝元祿〕假如寅生人值月上或日時上有甲者，皆謂之朝元。甲祿在寅，朝歸本命，其他倣此。

〔飛騰祿〕假如甲申、甲子、甲辰生人見寅，是甲祿在寅。申子辰馬居寅，庚寅、庚午、庚戌見申，是庚祿在申。寅午戌馬居申，只此六位。　註云：此又名祿馬同科大貴

〔論飛祿〕假如丙生人逢子，是丙祿在巳。丙年遁見癸巳，癸祿在子，便為飛祿。丁生人逢巳是也，他倣此。

〔名位祿〕祿帶食神，謂名位祿。假如甲生人見丙寅，是甲祿在寅，甲食丙。乙生人見丁卯，是乙祿在卯，乙食丁，他倣此。

〔論夾祿〕假如甲生人遇丑卯，是甲祿在寅，前有卯，後有丑。乙生人遇寅辰，是乙祿在卯，前有辰，後有寅，他倣此。

〔正夾祿〕假如丙辰生人見戊午，戊午生人見丙辰，是丙戊祿在巳，或戊午日見丙辰時尤妙。蓋丙辰數去有戊午，只此二位是也。

〔雙夾祿〕假如乙丑生人見甲辰，甲辰生人見乙丑，是乙祿在卯，甲祿在寅，前有辰、後有丑，其他倣此。

〔論拱祿〕假如戊辰生人見丙午，丙午生人見戊辰，丁巳生人見己未，己

未生人見丁巳，前後相拱，只此四位是也。

註云：戊辰生祿在巳，丙午拱之，忌見塘塞，只要虛拱為貴。

〔論交祿〕假如甲申生人見庚寅，庚寅生人見甲申，是甲祿在寅，庚祿在申，互換往來，其他倣此。

〔論暗祿〕假如甲生人逢亥，是甲祿在寅，寅與亥合。乙生人逢戌，是乙祿在卯，卯與戌合是也，其餘倣此。

註云：此四柱無祿如為貴命，乃是暗藏祿，為人不能見，方為大貴。

〔十干食祿〕甲食丙，乙食丁，丙食戊，丁食己，戊食庚，己食辛，庚食壬，辛食癸，壬食甲，癸食乙，此謂十干食祿是也。

〔官祿食神〕如甲用辛為官，辛食癸，甲生人不必見辛，但見癸，便是乙用庚為官，庚食壬，不必見庚，見壬是也，其他倣此。

〔連珠食神〕如甲食丙、丙食戊、戊食庚、庚食壬，年月日時胎，遇戊庚壬相順，自上食下者是也。

註云：主大貴

〔祿馬食神〕甲申、申子、甲辰生人，甲祿到寅，申子辰馬居寅，甲食丙祿見丙寅是也。庚寅、庚午、庚戌生人見壬申，只此六位。

〔印綬遇祿〕甲來尋鼠乙尋豬　丙卯丁寅壬酉居　癸猴一位偏相喜
乙辛逢巳最為良　更有戊庚臨馬位　玉堂學士坐書堂

〔生成馬〕寅午戌見庚申　申子辰見甲寅　亥卯未見丁巳
巳酉丑見辛亥　註云：值此者出外為商

〔論天財〕甲乙逢戊己　丙丁遇庚辛　戊己逢壬癸
庚辛逢甲乙　命中如遇此　常得貴人提

〔論飛財〕申酉見寅卯　寅卯見辰戌　辰戌丑未見亥子
亥子見巳午　巳午見申酉

〔五行正印〕金逢乙丑水壬辰　木命誰知癸未親　土丙辰兮火甲戌
腰懸金帶去朝天　人命若還逢正印　空則為帥旺則僧

〔官貴印〕庚子人得己丑　戊午人得癸未　一名文章六合中

〔夾貴印〕丙丁人得甲戌　壬癸人得丙辰　水生人得正印，吉中有凶

〔華蓋印〕寅午戌人得甲戌　巳酉丑人得乙丑　亥卯未人得癸未
申子辰人得丙辰　壬辰是也　註云：值此難為子息宜九流僧道

〔論月學堂〕（金）命見巳，辛巳為正。（木）命見亥，己亥為正。（水）命

見申，甲申為正。（土）命見申，戊申為正。（火）命見寅，丙寅為正。

〔十干學堂〕甲乙生人屬木‧得亥，己亥為正　丙丁生人屬火‧得寅，丙寅為正

戊己生人屬土‧得申，戊申為正　庚辛生人屬金‧得巳，辛巳為正

壬癸生人屬水‧得申，戊申為正

註云：學堂、學館，人命帶之，主文章超群登科及第，犯空亡，教授之職。

〔十干學館〕甲乙生人屬木‧得寅，庚寅為正　丙丁生人屬火‧得巳，乙巳為正

戊己生人屬土‧得亥，丁亥為正　庚辛生人屬金‧得申，壬申為正

壬癸生人屬水‧得亥，癸亥為正

〔食神學堂〕甲食丙，得丙寅是　丙食戊，得戊申是　己食辛，得辛巳是

庚食壬，得壬申是　癸食乙，得乙亥是

〔食神學館〕乙食丁，得丁巳是　丁食己，得己亥是　戊食庚，得庚申是

辛食癸，得癸亥是　壬食甲，得甲寅是

〔富貴學堂館〕如甲乙生人，見巳是學堂，申是學館。蓋甲乙用庚辛為官星，庚辛屬金，金生在巳，臨官在申。　丙丁生人，申是學堂，亥學館。

〔論科甲星〕科甲文星對命宮　陷時及第必難逢　若遭惡曜相刑剋
假使為官是蔭封　以安命對宮取。如子上安命，午上屬太陽便是。

註云：以官星所屬長生為學堂，臨官為學館。

〔論科名星〕甲乙生人木向榮　丙丁熒惑實亨通　戊己土星魁眾彥
庚辛太白定科名　壬癸水星真可貴　必作金魁榜上人

註云：此主文章及第、一舉成名，如在陷地，刑剋不然。

〔天元祿〕大抵天元號印星　此星宜順冠群英
忽然留逆仍居陷　難望朝中顯大名

以年干五虎遁，順數至命宮得何干，以此干化祿為是○且如甲生人，寅上安命，以甲己之年丙作首，是丙寅宮安命，以丙火為天元祿。

註云：天元若遇官、福、田、財，不貴則富。

〔地元祿〕　品位高低看地元　生時沉陷祿多邅
如逢旺廟兼高位　不是文僚即武權

以年干所管卦氣，逆數至命宮得何干，以此干屬某為是○且如甲生人，寅上安命，以壬甲從乾起。從亥上起甲，逆數至命寅宮得癸，癸屬水為地元祿。

註云：取卦逆命何干屬某是。

〔人元祿〕人元正曜旺宮居　更在高強福壽隨

更見忌星臨在命　也應年及七旬餘　註云：以虎順言何干屬某干為是

以年干起五虎遁，順數至官祿得何干，以此干受剋為是○且如甲生人，寅上安命，以甲己之年丙作首，從寅上起丙，順數至巳，官祿得巳，以木剋己土，取木為人元祿。

〔天經地緯〕以年干起五虎遁，順數至命宮得何干支，以干屬某為經，以支屬某為緯○且如甲生人，寅上安命，以甲己之年丙作首，就是丙寅宮安命，以丙火為天經，以寅木為地緯。

註云：此夾拱不雜為貴人命

〔天馬地驛〕以年干起五虎遁，順數至官祿得何干支，取干之祿為馬，取支馬為驛○且如甲生人，寅上安命，以甲己之年丙作首，從寅上起丙，順數至巳，官祿得己巳，以丁己祿居午，屬火，為天馬，以巳酉丑馬在亥，屬水，為地驛，餘皆仿此。

註云：此命若遇貴祿者最妙，大忌休囚死絕，主陞遷馳驛之類。

〔定三元星〕亥卯未為命宮者　(木)為天元印　(火)為地元祿　(土)為人元綬

寅午戌為命宮者　(火)為天元印　(土)為地元祿　(金)為人元綬

申子辰為命宮者　(水)為天元印　(木)為地元祿　(火)為人元綬

巳酉丑為命宮者　(金)為天元印　(水)為地元祿　(木)為人元綬

註云：三元者天地人

〔論四元星〕欲識五行吉限處　四元三限上尋之　馬星為貴鹿為祿

仁元干配的無疑　壽元推向納音取　要在強宮與限隨

仁壽仁元如得用　定是名家極貴兒

註：四元者貴祿仁壽

假如馬元為貴元，如申子辰生人馬在寅，寅屬木，即水星是祿元者。如甲生人祿在寅，屬木，亦木星，仁元者。取生年天干所屬，如甲乙生人，天干屬木，亦木星，是壽元者，取生年納音所屬。如甲子生人，納音屬金，即金星是也，餘倣此。

二、凶神星

凶煞神星於命理學中，尤其是八字命學，可說是一項最具震撼人心的利器，當然，若從另一個角度而言，它也是江湖術士用以歛財騙色的最佳口詞。其實，人心都是自私的，尤其是在問命之時，若聞「好運」，則笑臉常開且綻出一臉幸福滿足之相；但若聞「凶途厄運」之時，那心裡的那份操心、擔心狀，可就是無法用言語可形容的了。雖然俗語有云：「君子問凶不問吉」，但「忌凶喜吉」卻是人之常情。因此，對於此俗語之言，筆者總認為有點衛道，打高空的徵象。

其實也並非只有古人如此，就連現代的名人也有，只不過多滲雜了一些名利的追求，如婦運名人施××，為了出名不惜以一知半解的概念而批判命理學的不切實際，甚至認為是一種騙術、迷信，可是如果閣下有曾翻閱過其著作所述及的命理概念，保證各位立即可發現一個事實，那就是她根本不懂這門學術，所謂「內行人看門道，外行人湊熱鬧」，而她即是屬於「外行人湊熱鬧」的寫照。再就近期英國黛妃之死的評論，她的結論可謂是「衛道」至極，什麼叫做「死的應該」？什麼叫做

「死不足惜」？難道說，一個已解除婚姻的女性，永遠就沒有權利再追求自己未來的幸福嗎？因此，筆者認為她不但是不擇手段的想「成名」，而且更沒有資格掛著「婦運」的領導者。如果各位從另一個角度來看，她的行徑與心態實在是比那些僅求糊口的江湖術士還醜陋，還更使人唾棄。

當然，凶煞星於命理上同樣也具有「吉者未必為吉，凶者也未必為凶。」的靈動，這就是《易經》得失、消長的互動效用。譬如你做任何的行業，想多賺點錢的慾望是人皆有之，但你可曾想過，為了想要多賺些錢，你會失去什麼？時間、精神、休憩等，不是嗎？

因此，凶煞星並非是真的很可怕，最可怕的是所面對的心態為何？只要持著正確且健康的心理視之，那「塞翁失馬」的故事，豈不是最佳的例證嘛！

筆者一向替人論命的態度，總是抱持著「輔導」的觀點為之，甚至於教學之際，亦是傳授學員一種正確、健康且不迷不惑的心態來看待五術學科，畢竟，自己能先不為其迷惑，先持有健康的理念，相信於輔導別人之際，也一定不會以妖言而惑眾了，當然，更不可能會為了名利而做出損己陰德的無知可憐人事。所以，古聖賢於言命理、或言風水之際，「德」字總是排在第一位即是此理。

好了，話題扯遠了，言歸正傳，以下即將一般常看到的凶神煞星介紹闡述，以供作各位日後應用之參考。

(1)空亡——依物質而言，可視為一種耗損；依精神而言，就是俗謂的「沒有支柱」、「沒有慰藉」。此星日本命學家稱為「天中殺」，實源自於《洞玄經》之名詞。

①六甲旬中空亡——

「六甲旬」是什麼呢？古命學家將六十甲子分為六組，每一組有十個干支，即為「一旬」，且每一旬的旬頭均是以「甲」為領頭，故有「六甲旬」之稱。至於每一旬中一定會有二個地支無法配上天干，也就是說有二個地支被排擠於「旬」外，於是我們就稱此被排擠出的地支為「空亡」，又有稱為「旬空」。如下頁表所示：

「空亡」在使用時，必須要注意一個原則，即「陽干空陽，陰干亡陰」。於古籍中亦有「空」對「孤」，「亡」對「虛」的說法。

「空亡」亦有正、偏之分，依年柱查照日支、時支，同性干支相對是為正，異性干支相對是為偏。另外，亦基於對照之方法不同，所以有「日時互換空亡」與「歲運互換空亡」之種類。儘管有名目上的不同，但均以空亡在時支為重，日支次之，而且均主一生運途坎坷，勞碌或晚景悽涼孤獨。

②納音五行的空亡吉凶

金空則鳴：如鐘非得空亡，否則聲音無法響亮，故為吉。

水空則清：水中雜質沈澱濾淨，水自然清澈見底，故為吉。但亦有「水空則流」之理論，最好依全局之水勢而論。

木空則折：樹木被蟲蛀空，此樹必倒。故為凶。

〈六甲旬空〉

六十甲子										空亡支	五行
甲子	乙丑	丙寅	丁卯	戊辰	己巳	庚午	辛未	壬申	癸酉	戌、亥	水
甲戌	乙亥	丙子	丁丑	戊寅	己卯	庚辰	辛巳	壬午	癸未	申、酉	戊土
甲申	乙酉	丙戌	丁亥	戊子	己丑	庚寅	辛卯	壬辰	癸巳	午、未	金
甲午	乙未	丙申	丁酉	戊戌	己亥	庚子	辛丑	壬寅	癸卯	辰、巳	火
甲辰	乙巳	丙午	丁未	戊申	己酉	庚戌	辛亥	壬子	癸丑	寅、卯	己土
甲寅	乙卯	丙辰	丁巳	戊午	己未	庚申	辛酉	壬戌	癸亥	子、丑	木

註：表中第一行即是「旬首」，又稱「旬頭」。

火空則發：火無風不漫延，不旺盛。故為吉。

土空則崩：土質被挖空必鬆動而倒崩。故為凶。

③截路空亡——象徵著一種阻礙，不順逐。其法是以：日干對照時支。如下表所示：

天干	甲	乙	丙	丁	戊	己	庚	辛	壬	癸
截路空亡	申酉時	午未時	辰巳時	寅卯時	戌亥時	申酉時	午未時	辰巳時	寅卯時	戌亥時

註：從日干起「五鼠遁」，遁到壬癸的地支即是。

(2)桃花——所謂的「桃花」，一般人均是以男女關係而定位定論，其實，這種論點僅可說是一種很狹義的說法，各位不妨拉開尺度用一種較為寬廣的觀點來論。桃花就是一種「迷」，人生的各個階段亦都有所「迷」之事，以讀書階段會迷看武俠小說，或是文藝小說，青少年時期會對異性產生迷惑之情事等，這些亦都可謂之「桃花」意象的一種。至於對「桃花」吉凶的論斷，絕不能一律以凶象視之，未婚且屬於適婚年齡的「桃花」，應該是視為吉的桃花現象；當然，已婚後的「桃花」

即屬於不吉之現象了。

因此，對於「桃花」的論斷，各位務必要詳加審查，且言詞上定要嚴肅含蓄，尤其是對女性之論命者。

茲將傳統命理學有關「桃花」之歌訣附錄如下：

〈歌訣一〉——《星平會海》載：

寅午戌兔從茅裡出，申子辰雞叫亂人倫；
亥卯未鼠子當頭忌，巳酉丑躍馬南方走。

〈歌訣二〉

金人巳亥始為先，木兔并豬四野眠；
火人猴鼠令人賤，水土生人犬馬邊。
此是桃花真格局，不問男女與英賢；
山上逢人山上歇，路上逢人路上眠。

（**註**：此法是以生年干支的納音為主，對照黃道十二宮位，或是日支、時支，最忌入命、身宮，女人尤忌。）

日柱地支	桃花（年、月、時、地支）
寅午戌	卯
巳酉丑	午
亥卯未	子
申子辰	酉

桃花煞又名咸池、敗神。亦有分為：在年支或月支見者，稱為「牆內桃花」，在時支見者，稱為「牆外桃花」二種。

《三命通會》載云：「桃花煞主奸邪淫鄙，如生旺則美容儀，耽酒色、疏財好歡、破散家業，惟務貪淫；如死絕落魄不檢、言行狡詐、遊蕩賭博、忘恩失信、私濫姦淫、靡所不為。與元辰（即「大耗」）併，更臨生旺者，多得匪人為妻；與貴人建祿併，多因油鹽酒貨得生，或因婦人暗昧之財起家，平生有水厄癆瘵之疾，累遭遺失暗昧之災。此神入命，有破無成，非為吉兆，婦人尤忌之。」另古籍亦載云：「桃花沐浴不堪聞，叔伯姑姨合共婚，日月時胎如犯此，定知無義亂人倫。咸池無祿號桃花，酒色多因敗壞家，更被凶神來剋破，瘠羸病死莫咨嗟。」《淮南子》亦釋云：「日出扶桑、日入咸池，故五行沐浴之地，名咸池，是取日入之義，萬物暗昧之時。」

儘管古籍中關於「桃花」之論甚多，可是基於大男人主義心態的社會背景，所以對於男女命的論法實是有不盡公平之嫌，因此，對於如是之不公平偏頗現象，亦有人挺身而直言，如清陳素庵云：「端人、正士、烈婦、貞女，犯之者甚多。」另任鐵樵更是評擊曰：「桃花咸池，專論女命邪淫，受責鬼神。」

現今的社會已不同於往昔，因此，於命理學的研究態度自是不能照章全收，一成不變，否則，吃「衛生眼」，或是品嚐「五雷掌」還算是小 case 一樁，招牌被拆，一世英名盡毀，才是後悔莫及且得不償失呢！

(3)**紅艷煞**——《星平會海》歌訣云：「多情多慾少人知，六丙逢寅辛見雞；癸臨申上丁見未，眉開眼笑樂嘻嘻。甲乙見午庚見戌，世間只是眾人妻；戊己怕辰壬怕子，祿馬相逢作路妓，任是世家官宦女，花前月下也偷期。」

年、日柱天干	甲	乙	丙	丁	戊	己	庚	辛	壬	癸
紅艷煞	午		寅	未	辰		戌	酉	子	申

根據古命書所載，此煞主女人浪蕩不貞、私奔淫慾，即使是生在富貴官家中之婦女，亦會有此現象。

其實七情六慾人皆有之，為何獨獨古命書中將「淫蕩」、「賤邪」等字眼都加諸於女性身上，而對於男性則往往以「風流」、「偷香惜玉」等冠冕堂皇的字眼而帶過。類如此這種大男人主義對女性歧視的觀點，於古代社會中可謂層出不窮。然而，在時代變遷，以及社會結構型態的改變中，當然，最重要的還是基於兩性平等的原則下，對於古命學中有關女性之不合理的論調，各位務必要特別注意謹慎論斷，千萬不可再一味地延襲古法使用，否則日後被人取笑、侮辱，甚至招牌被毀於一旦的命運必是預期而見的。

先賢任鐵樵先生亦曾提醒教示我們於論女命的方法與態度，其云：「女命者，先觀夫星之盛衰，則知其貴賤也。次察格局之清濁，則知其賢愚也。淫邪嫉妒，不離四柱之情；貞靜端莊，總在五行之理。是以審查宜精，貞婦不遭謬妄，詳究宜確，淫穢難逃正論。二德、三奇，乃好事之妄造；咸池、驛馬，是後人之謬言。」又云：「凡觀女命，關係非小，不可輕斷淫邪，以瀆神怒，然亦不可一例言命，或由祖宗遺孽；或由家門氣數；或由丈夫不肖；或由母姑不良，幼夫閨訓；或由氣習不喜，無謹飭閨門，任其恣性越禮、入寺燒香、遊玩看戲聽詞，男女混雜，初則階下敷陳，久則內堂演說，始而或言賢孝節義之事，繼而及淫邪苟合之穢詞，保無觸念動心乎？所以，居家第一件事，在嚴肅閨門、閨幃之內，不出戲言，則型于之化行矣！房帷之中，不聞戲笑之聲，則相敬之風著矣！主家者，不可不慎之。

因此，紅艷煞入命，最好的釋義角度：為人熱情、不拘禮俗所限，具有人緣、討人喜愛，所以，會被捲入或牽扯發生之感情桃色事件的機會，也相對地比一般人增加。

唉！同為男性的各位，可千萬不要再被上帝所說的「女人是男人的一根脊骨」言論所誤陷了。畢竟，所謂的「幸福」，與所謂的「美滿」，可完全是建立在彼此互愛、互敬與互重的基礎上，你認為如何呢？

⑷羊刃——《星平會海》歌訣云：「甲祿到寅、卯為羊刃；乙祿到卯、辰為羊刃；丙、戊祿在巳，午為羊刃；丁、己祿在午、未為羊刃；庚祿居申，酉為羊刃；辛祿到酉，戌為羊刃；壬祿到亥，子為羊刃；癸祿到子，丑為羊刃。」

綜合整理即祿前一位為刃是也，它所代表的意象是為五行過旺之氣，一般均以凶星視之，但也請各位注意一件事，由於人生的旅途坎坷且多變，如果命柱中完全沒有這種強勢有力所謂的「凶星」的話，此種命局一定終身僅是平庸而已，甚至會有一敗即無法收拾之局面發生。

日柱天干	甲	乙	丙	丁	戊	己	庚	辛	壬	癸	祿前一位即為「羊刃」
(年月日時地支)羊刃	卯	辰	午	未	午	未	酉	戌	子	丑	

《三命通會》釋曰：「羊刃帶祿，更有官印相資，尤作吉論。如專羊刃，主眼露性急，凶暴害物，親近惡黨。生旺稍可，死絕尤甚，在五行敗者，逢之多患瘰癧或瘴癘金刀之災。不論貴賤多冗雜勞迫，少得安逸。」

古歌訣曰：

「時逢羊刃喜偏官，若見財官禍百端；
歲運相沖並相合，勃然災禍又臨門。
羊刃重逢合有傷，主人心性氣高強；
刑沖太重多凶厄，有制方為保吉昌。
羊刃之辰怕見官，刑沖破害禍千端；
大嫌財旺居三合，斷指傷殘體不完。」

總之，羊刃本就是一種剛強氣勢之表徵，而且基於「祿前一位為羊刃」之排列形式，有隱喻著「護主」、「護寶」之意，因此，若是日主弱逢之，則羊刃適可有用武之地；反若日主強勢遇之，如此強勢相遇，硬碰硬的結果，反而對日主造成重大的傷害。因此，有關羊刃效應的好壞，最宜審慎觀察全局的氣勢而定，筆者亦會於〈精進篇〉中作精微的闡釋與解析，故在此不多作贅述。

另外，還有一種「真陽刃」之說。其法是從日干以五虎遁法遁之，直遁至該天干之羊刃位為止。列表如下：

日柱天干	甲	乙	丙	丁	戊	己	庚	辛	壬	癸
真羊刃（對照四柱）	丁卯	庚辰	甲午	丁未	戊午	辛未	乙酉	戊戌	壬子	乙丑

羊刃的效應有如「鐵杵」，真羊刃的效應宛若「針」，所以，其為禍之靈動就如同俗語所謂「一針見血」之尖銳與深刻。

(5)劫煞——又名大煞。有自外奪取消耗之意象，與「亡神」自內之耗損有著相呼應之靈動比較。

《星平會海》歌訣云：「寅午戌亥上不須說，亥卯未申上勿遭值，申子辰巳上化灰塵，巳酉丑寅上休開口。」以日支為主，對照其餘柱之地支。其實，劫煞即是在取五行絕處之氣而用之。如表所示：

日柱地支	寅午戌	亥卯未	申子辰	巳酉丑
劫煞（年、月、時、地支）	亥	申	巳	寅

註：火墓在戌，則「亥」為絕位。
水墓在辰，則「巳」為絕位。
木墓在未，則「申」為絕位。
金墓在丑，則「寅」為絕位。

《三命通會》釋云：「劫煞吉，則聰慧敏黠，才智過人，事不留行，胸羅萬象，高明爽迅，武德橫財，即生旺與貴煞建祿併也。凶則昏濁邪侈，毒害性重，宿疾刑徒，兵刀折傷，執拗內狠，貪奪無情，即死絕與惡煞併也。若元辰（後敘）空亡為盜；金神庚辛併，好刓刻彫鐫；空亡金火併，為打鐵、屠儈、捕獵、籠養之人。若劫煞剋身，更勞金神，羊刃同剋，主車馬顛覆之災；生時得之，子孫愚薄。」

另古歌訣云：

「劫煞為災不可當，徒然奔走名利場；
須防祖業消亡盡，妻子如何得久長。」

又云：

「劫神包裹遇官星，主執兵權助聖明，
不怒而威人仰慕，須合華夏得安榮。」

是故，劫煞之吉凶靈動，還得視其是否為命局中所喜用，或是有與貴人相遇。當然，千萬不要一看到「劫煞」，即一律以凶之效應論述，否則，偏差誤斷之情事一定在所難免，請各位務必要審慎之。

(6)亡神——與前(5)所介紹的「劫煞」，有著內、外相呼應之靈動。亡者，即是自內耗損之意。以日柱地支為主，對照其餘柱之地支。其實，亡神即是在取五行臨官之氣而用之。《星平會海》歌訣云：「寅午戌巳上動紙筆，巳酉丑逢申須斂手，申子辰亥上勿堪論，亥卯未逢寅切須忌。」如表所示：

日柱地支	寅午戌	巳酉丑	亥卯未	申子辰
亡神（年、月、時、地支）	巳	申	寅	亥

註：火旺在午，則「巳」為臨官位。
金旺在酉，則「申」為臨官位。
木旺在卯，則「寅」為臨官位。
水旺在子，則「亥」為臨官位。

《三命通會》釋曰：「亡神吉，則峻厲有威，謀略算計，見事如神，事不露機，兵行詭計，始終爭勝，言事折辯，壯年進用，則生旺與貴殺併也。凶，則褊燥性窄，顛詐狂妄，浮蕩是非，酒色風流，官府獄訟，兵刑責難，即死絕與惡殺併也。若貴人建祿併，專弄筆硯，撰飾文詞，因公起家，干涉官利或為胥徒。」

另古歌訣云：

「亡神七殺禍非輕，用盡機關一不成；
剋子刑妻無祖業，仕人猶恐有虛名。」

又云：

「皆言七煞是亡神，莫道亡神禍患輕；
身命若還居此地，貧窮蹇滯過平生。
凶星惡曜如臨到，大限渾如履薄冰；

三合更須明審查，煞來夾拱必難行。」

「亡神」之實務用法一如「劫神」般，請務必要審查全局後，方可言吉凶之靈動。

註：亡神一名官符、七煞。

(7)元辰——又名大耗。《三命通會》訣云：「陽男陰女，在衝前一位支辰；陰男陽女，在衝後一位支辰。」。

年柱地支	子	丑	寅	卯	辰	巳	午	未	申	酉	戌	亥
陽男陰女	未	申	酉	戌	亥	子	丑	寅	卯	辰	巳	午
陰男陽女	巳	午	未	申	酉	戌	亥	子	丑	寅	卯	辰

註：另《神峰通考》亦有一法，茲整理列表供作參考。

年柱地支	子	丑	寅	卯	辰	巳	午	未	申	酉	戌	亥
(月、日、時、地支)元辰	未	午	酉	申	亥	戌	丑	子	卯	寅	巳	辰

「元辰」是為一種破碎、分離之意象，無論男女命中遇之，均主不吉。但若柱

中有逢合，則有去煞解凶之應。

《三命通會》釋云：「元辰，所以為凶者，當氣衝之地。左鼓則風殺在右，右鼓則風殺在左；故陰陽男女，取衝前後不同。若歲運臨之，如物當風，動搖顛倒，不得寧息，不有內疾，必有外難。雖富貴崇高，勢位炎盛，大運逢之，十年可畏；立朝定當竄逐，居家必罹凶咎；縱有吉神扶持，不免禍福倚伏；尤忌先吉後凶，發旺之後，欲出未出之際，禍不可逃。人命遇之，主形貌陋樸，面有顴骨，鼻低口大，眼生威角，腦凸臀高，手腳強硬，聲音沉濁。生旺則落魄大度，不別是非，不分善良，顛倒鶻突；死絕則寒酸薄劣，形貌猥下，語言渾濁，不識羞辱，破敗坎坷，貪飲好情，甘習下流。與官府併，多招無辜之撓。帶劫煞則不循細行，動招危辱，窮賤無恥。婦人得之，聲雄性濁，奸淫私通，奴賤鬼魅為憑，不遵禮法，一生多災，雖生子拗而不孝。」

《身命賦》云：「禍莫禍於元辰。」又古籍亦載曰：「大耗懸針，非貧即夭。」由此可知，「元辰」之禍害不可謂之不凶，但亦有「元辰惡煞為災甚重，有互遇者，尤為不吉。忽然遇合，又以吉論。」之破繹解析法。另《洞元經》亦云：「元辰遇合而大亨。」

除了以上「元辰為當氣衝之地，而為凶」之立論外，亦有將「元辰」視為大運、流年中的七殺論點。如徐子平云：「元辰者，命中元有所害之辰也。如甲見申、庚，乙見酉、辛之類，人生歲月日時，原有七殺，已為所害之辰，歲運復遇，謂之『犯元辰』，為害尤重，元無則輕，然元辰、七殺與劫、羊刃、空亡同類。」即是也。

註：元辰，又名「毛頭星」。

⑻孤辰、寡宿——孤者，幼而無父是謂之；寡者，老而無夫是謂也。所以，孤辰、寡宿代表著即是孤獨伶仃，不利六親也。《三命通會》釋曰：「老而無夫曰寡，幼而無父曰孤，此其義也。辰為星辰，宿謂星宿，指其神也。人命犯此星辰則孤寡。如亥子丑北方三位進前一辰見寅為孤，退後一辰見戌為寡。又過角為孤，退角為寡，其餘三方，皆以此推。」孤辰，又名「隔角煞」，由於寅、申、巳、亥四位正居於天地之四角，故謂之。

於前章節中曾介紹過的「三會方」，而孤辰、寡宿二辰即是依此會局而定，其訣為「前孤後寡」。如圖所示：

			寡戌
孤寅	丑	子	亥

孤巳			
辰			
卯			
寅	寡丑		

巳	午	未	孤申
寡辰			

		寡未	申
			酉
			戌
			孤亥

孤辰、寡宿是印星與財星的墓、絕之位，故人命帶此二星，《燭神經》云：「凡人命犯孤寡主形孤骨露，面無和氣，不利六親，生旺稍可，死絕尤甚。驛馬併，放蕩他鄉；空亡併，幼小無依；喪弔併，父母相繼而亡，一生多逢重喪疊禍，骨肉伶仃，單寒不利。入貴格贅婿婦家；入賤格，移流未免。」另相關資料如後：

《珞琭子》：「骨肉中道分離，孤寡猶嫌於隔角。」

《驚神賦》：「孤辰、華蓋日時相逢，主伶仃。」又曰：「孤華，主為林下僧尼。」

《玉門集》：「寅申巳亥為角，辰戌丑未為隔。進者為陽，不利父；退者為陰，不利母。」又曰：「在陽宮妨父，在陰宮妨母。如寅卯辰人，巳為孤、丑為寡；寅、辰為陽之位，丑、巳為陰之位，男女生命見之，雖親生兒女，多不和順。」

《通明賦》：「孤寡雙辰帶官印，定位叢林領袖。」

《身命賦》：「男孤神他鄉之客，女寡宿異省之婦。」

另其他古籍載：「孤神切忌男剋婦，寡宿須教女害夫。」

註：「喪門」又名「地雌」、「地喪」、「地猾」。而「弔客」與「天狗」同位。二者命中帶之不吉，流年犯之尤凶，若再逢月之羊刃助殺，則謂「橫關」，更凶。因此，喪客、弔客又稱為「橫關殺」。古籍歌訣載曰：

「橫關一殺少人知，月祿凶神又及時；
縱有吉星重疊至，不遭刑戮也傾危。」

(9)魁罡——是為陰陽滅絕之日，即庚辰、壬辰、庚戌、戊戌四日統稱為魁罡。

日柱天干	甲	乙	丙	丁	戊	己	庚	辛	壬	癸
魁罡					戌		辰 戌		辰	

古訣云：「為人性格聰明，文章振發，臨事果斷，秉權好殺。」《三命通會》曰：「魁罡須疊位重逢，日位加臨者眾，以伏為貴。……賦云：『魁罡性嚴，有操

持而為人聰敏是也，運行身旺發福百端，一見財官禍患立至，或帶刑殺尤甚。倘日位獨處刑衝、剋制重臨，必是小人，刑責不已，窮必徹骨，運臨財官旺處，主逢奇禍。若月令見財官印綬，日主一位，即以財官印食取用，雖微有破敗，財官印食得位，亦無大害，須斟酌提綱，當用者取之，不可拘此小節。庚戌、庚辰二日無官星，若魁罡重疊有情，主富高於名，但見財官則不成局，歲運再見財旺之鄉，禍不可測。」

古歌訣云：

「魁罡四日最為先，疊疊重逢掌大權；
庚戌庚辰怕官顯，戊戌壬辰畏財連。
主人性格多聰慧，好殺之心斷不偏；
倘有刑沖兼破害，一貧徹骨受笞鞭。」

又云：

「戊戌庚辰殺最強，壬辰庚戌號魁罡；
日加重者方為福，身強逢之貴異常。
如逢一位沖刑重，徹骨貧窮不可當。」

又云：

「魁罡四柱日多同，貴氣朝來在此中；
日主獨逢沖剋重，官財顯露禍無窮。」

又云：

「魁罡重疊是貴人，天元健旺喜臨身；
財官一見生災禍，刑殺俱全定苦辛。」

「魁罡」若於現代的角度釋義，可以人生運途的艱難險阻，且順遂起伏很大，如此，在其一生中所會碰到的挫折與成敗機會很多，且易產生悲劇的結局。女命，大多美麗動人，但於戀愛、感情與婚姻上，卻經常出現不幸的徵象。因此，對於古命學的釋義，各位務必要隨時代的變遷而做演繹與引申。

(10)流霞煞——流霞者，流紅血也。命帶此煞者，切忌勿酗酒開車，否則會有意外血光車禍。若是女命，則主生產時，容易有難產之意外，更甚者，產後有血崩之象。

年柱天干	甲	乙	丙	丁	戊	己	庚	辛	壬	癸
流霞煞	酉	戌	未	申	巳	午	辰	卯	亥	寅

《星平會海》歌訣云：「甲雞乙犬丙羊加，丁是猴鄉戊見蛇，己馬庚龍辛逐兔，壬豬癸虎是流霞。」註云：男主他鄉死，女主產厄亡。

除了上述所介紹的凶神外，筆者另將《星平會海》中所記載的資料摘錄整理如後，以供作參考。

〔方位煞星〕申子辰煞在南方巳午未，「水星為煞主凶」。
巳酉丑煞在東方寅卯辰，「炁星為煞主兇」。
寅午戌煞在北方亥子丑，「木星為殺主凶」。
亥卯未煞在西方申酉戌，「孛星為殺主凶」。註云：以年支取論

〔論的煞〕子午卯酉的在巳　寅申巳亥的在酉　辰戌丑未的在丑
乃太白之星，將軍之象。人命坐此宮，主孤夭貧賤惡亡賤疾徒配，若得吉曜飛合入局，主權責。註云：與破碎煞同

〔地喪星〕子生人在寅　丑生人在卯　寅生人在辰

其法俱皆在本命生年前第三位是也。此星若值妻宮主難為妻。

〔追魂星〕

甲乙紫炁怕擎天　丙丁火怕孛星纏　戊己生人計都是
庚辛羅火定為冤　更有壬癸何星是　土星逢著絕根源

〔白衣煞〕

蛇鼠牛猴兔　尤豬馬羊虎
雞龍十二位　定是破家子

〔正四廢〕

春庚申「金囚死」　夏壬子「水囚死」　秋甲寅「木囚死」
冬丙午「火囚死」　若春以庚辛，夏壬癸，秋甲乙，冬丙丁者，
皆非也。

註云：凡命中有遇者，主作事無成。

〔冰消瓦解〕

正巳二鼠三牛是　四猴五兔六月狗　七豬八馬九羊當
十月虎從山口守　十一金雞梁上叫　十二老龍出洞口。

註云：主破祖

〔返伏吟〕

年頭為伏吟即年支　對宮為返吟年支沖　退運如值此
誰知損六親　有福損別人　無福損自身

註云：書云：返吟伏吟悲泣淋淋

〔天羅地網〕辰為天羅　戌為地網　書云：辰戌名為羅網，天乙不臨，如運限到此，主剋陷生淹延之疾，牢獄之災，惟乙辛生人尤甚。

註云：男忌天羅，女忌地網。

〔三坵五墓〕三坵五墓得人愁　爺娘妻子盡無周　春丑夏龍秋即未。三冬逢犬是三坵　欲知五墓對宮是　渾限到此切須憂

註云：五墓春未、夏戌、秋丑、冬辰。

〔埋兒煞〕寅申巳亥生申時是　子午卯酉生丑時是　辰戌丑未生卯時是。人命生時犯之，主剋嗣，縱有不肖。

〔衝天煞〕生年對月人短命　生日對時壽不長　此是五行衝天煞。人若值此少年亡　此煞與指背煞同也。

〔指背煞〕申子辰生逢申是　亥卯未生逢亥是　寅午戌生逢寅是　巳酉丑生逢巳是　犯此，主招人嫉妒，為人無功也。

〔破碎煞〕子午卯酉蛇頭開口　寅申巳亥雞頭粉碎　辰戌丑未丑頭大忌。人命犯此，主破財刑併，行年運限逢之，官事連綿。

註云：即同的殺

〔妨害煞〕水命逢牛鼠　金人忌馬羊　火人辰卯是　水土犬雞鄉
命中如值此　終是守空房　犯此男妨婦，女剋夫　註云：一名五鬼狼籍

〔懸針煞〕取甲申、辛卯、甲午之類　命四柱有全者，方是。主破相刑尅。

〔平頭煞〕取甲子、甲辰、丙辰之類　男主妨妻，女主剋夫也。

〔曲腳煞〕取乙巳、己巳、乙丑、乙未　日家遇，主枉橫剋頭妻。註云：名縮腳煞

〔隔角煞〕取辰巳、未甲、戌亥、丑寅是也　主剋父母、夫妻不睦。

〔剋妻煞〕兩甲兩庚俱壽促　三庚切忌妻無祿
三丁續娶是前緣　三癸乙辛火燒屋　註云：男主剋妻，女主離夫。

〔暴敗煞〕豬羊犬吠春三月　蛇鼠龍憂夏月當
申酉丑人秋必敗　虎馬兔人冬月藏。

〔吞陷煞〕豬犬羊逢虎必傷　猴蛇相會樹頭亡　犬逢雞子遭徒配
兔趕蛇歌走遠鄉　鼠見犬須當惡死　馬牛逢虎定相傷
兔猴逢犬難迴避　龍來龍土水中殃
註云：主作事難成

〔呻吟殺〕水火蛇無婿　金豬木虎傷　赤黃馬獨臥　黑鼠土猴孀

註云：男主重婚，女主剋夫。

〔一七殺〕 即十二支對衝　命吉為福，沖破命凶為禍

註：主破財

三、小兒關煞

「小兒關煞」不但名目繁多，而且名稱可謂是「可怖」（可怕又恐怖）已極，所以，一般之江湖術士視其為賺錢之寶。可是，話雖如此，如果我們能平心靜氣地來思考一下，之所以會產生如此繁多且可怖的「小兒關煞」，其來定有其目。

試想，於古代，不論是科技、環境衛生與醫學均不像現今如此地進步與發達，而歷代聖賢們，又為了能達成傳宗接代之重任，但亦顧慮社會大眾好言相勸，然卻有「鐵齒」不聽的現象，所以，才不得不出此下策，利用一些令人生寒顫慄的名詞，希望能發生嚇阻的作用，進而亦提醒一些為人父母對幼兒的照顧。

固然，古聖賢們的一片苦心與用意，是為著吾民族之延傳命脈而作，但日後卻會流於江湖術士作為詐騙糊口之工具，實亦辜負且違背古聖賢之意，更是令其所始

料不及。因此，吾輩今日於研習之際，不妨將重點放在探討古聖賢們當初創始之意義，但千萬不要再將其用作江湖詐騙斂財之巾法。如此，相信可以使命學一脈脫離迷信與騙術的桎梏，而且也可以健康且正確地將命理學發揚光大，以作為輔導人生運途的一盞明燈。

——摘錄《關煞百中經》．小兒關煞篇——

〈百日關〉：

起例：寅申巳亥月：忌辰戌丑未時。

辰戌丑未月：忌子午卯酉時。

子午卯酉月：忌寅申巳亥時。

原註：凡遇月建寅申巳亥四個月，犯辰戌丑未時是也，不必過年，只忌百日之內。餘同此。

所忌事項：童限犯之，初生起算至百日內、勿出大門外。

〈短命關〉：

起例：寅午戌龍當，巳酉丑虎鄉。

申子辰蛇上，亥卯未尋羊。

原註：以生年為主，對時是也。

〈鬼門關〉：

起例：子生怕酉午嫌丑，寅未申卯不相安；

亥怕辰宮戌怕巳，定然號泣鬼門關。

原註：以生年為主，在時上犯之者是。餘者無妨。

所忌事項：初生兒勿入陰廟、宮寺祭廟，亦不宜出遠門。

〈四柱關〉：

起例：三九卯酉生人惡，四十寅申主哭悲。

五十一月丑未死，六十二月子午宜。

小兒若犯此關煞，父母不久主分離。

所忌事項：初生幼兒勿坐車也。

〈撞命關〉：

起例：子兔寅蛇丑戌獬，辰龍卯鼠巳猴兒。
　未牛申午同嫌馬，亥怕豬兮酉怕雞。

原註：宜過房別宗，吉。

所忌事項：犯此關主難養、夭折，宜過房別宗，以圖化解災厄。

〈閻王關〉：

起例：春忌牛羊水上波，夏逢辰戌見閻羅；
　秋生子午人難保，冬季生人雞兔磨。

原註：以四季春夏秋冬取之。

所忌事項：勿近陰廟、勿看佛事、功德法會。

〈四季關〉：

起例：春關牛與蛇，夏月龍猴嗟；
　秋怕豬羊位，冬狗虎交加。

原註：假如春三月，但以逢巳、丑二時甚凶，立命巳、丑二宮，餘倣此。

所忌事項：四季交接，氣候不穩定，幼兒體質未成，故盡量勿出遠門、公共場所等，以防災厄。

〈鐵蛇關〉：

起例：寅午戌人龍自當，巳酉丑人竹虎鄉；

申子辰人蛇位上，亥卯未羊上當尋。

原註：以年支生人為主取之。

所忌事項：犯此關煞者，幼兒時期注意出痲痘、痧疹。

〈浴盆關〉：

起例：浴盆之煞最無良，春月忌辰夏忌羊；

秋季犬兒切須忌，冬月逢丑定須傷。

原註：以四季月取之。

所忌事項：宜注意幼兒浴用物品之衛生，以及水溫的調適，尤其是初生的第一、

三、六、九、十二日勿洗浴。

〈**白虎關**〉：

起例：水入白虎須在子、金人白虎卯之方；

水土生人白虎午、木人白虎酉中藏。

原註：以年干支納音者所屬生人忌之，安宮分。

〈**雞飛關**〉：

起例：甲己巳酉丑，庚辛亥卯未；

壬癸寅午戌、乙戊丙丁子。

原註：以十干生人忌之為主取用。

所忌事項：勿看殺生，體弱難養，且亦勿接近有雞的地方，以防被雞啄傷。

〈**雷公關**〉：

起例：甲乙逢牛馬不祥，丙丁見鼠有災殃。

戊己生人逢犬位，庚辛又怕虎來傷。
壬癸生人雞豬是，若無解救見閻王。

原註：甲、乙生人逢丑、午取之也，亦安丑、午二宮。餘者倣此。

所忌事項：勿抱往高處弄跳，亦防雷聲驚嚇。天、月二德可解。

〈急腳關〉：

起例：春三亥子不過關，夏月卯與未中間；
秋寅戌位還須急，冬丑辰宮死不難。

原註：春三月生人遇亥、子時是也，亦安亥、子宮。餘倣此。

所忌事項：勿看動土、修造，防驚嚇。

〈埋兒關〉：

起例：子午卯酉年生人：忌丑時。
寅申巳亥年生人：忌申時。
辰戌丑未年生人：忌卯時。

原註：犯主殺者，命生刑剋。
所忌事項：勿看法事，出葬。
（筆者註：此為擇日用神煞。）

〈天狗關〉：

起例：子人見犬丑豬宜，寅人見鼠卯牛時。
　　辰人見虎巳見卯，午人龍上未蛇兒。
　　申人見午酉見未，戌人猴上亥嫌雞。
原註：假如子年生人遇戌時是也，亦安戌宮。餘倣此。
所忌事項：防意外血光。日、月蝕勿出門。

〈吞陷煞〉：

起例：鼠見犬兮當惡死，馬牛逢虎定相傷。
　　兔猴逢犬難迴避，龍來龍上水中央。
　　凡人若值此時日，三合為災仔細詳。

原註：以時日所屬相對互見為是。
所忌事項：幼兒時期多災多難。

〈將軍箭〉：

起例：酉戌亥時春不旺，未卯子時夏中亡。
　　寅午丑時秋必忌，冬防申亥巳為殃。
　一箭傷人三歲死，二箭須教太歲亡。
　三箭九歲兒將死，四箭十二便身亡。
原註：春三月生人遇酉、戌、辰時便是。
所忌事項：犯此忌入武廟、將軍廟，勿玩尖銳之器物。

〈金鎖關〉：

起例：正七逢申人必死，二八雞鄉命必危。
　三九犬兒難活命，四十逢豬是鎖匙。
　五十一逢子必死，六十二月丑非奇。

原註：正、七月生人逢申是也。餘倣此。
所忌事項：幼兒勿帶金器、鐵器、項鍊等物。

〈鬼限〉：
起例：鬼限原來最可憂，欲知壽夭向斯求。
金哥出去休騎馬，火弟歸來莫跨牛。
木遇兔神須遠避，水逢雞位實堪憂。
土人切忌臨豬上，難保光陰到白頭。
原註：金逢午時是，以生年納音取之在時，亦安宮。
所忌事項：忌出遠門、入陰廟。

除了以上之小兒神煞外，其餘還有很多，但，基於其數量的多繁，故僅介紹一些較具實用性的，至於其它沒有列入者，還煩請各位逕自去查閱相關書籍資料。

〈小兒關煞表〉

(一)生年干關煞——

年干／生時	甲	乙	丙	丁	戊	己	庚	辛	壬	癸	宜忌事項
千日關	午辰	午辰	申酉	申酉	巳戌	巳戌	寅	寅	丑亥	丑亥	千日以內勿出遠門
雞飛關	巳酉丑	子	子	子	子	巳酉丑	亥卯未	寅午戌	寅午戌	寅午戌	勿見殺生，夜生者不妨
白虎鐵蛇關	以生年·金人卯戌，火人子申未 納音取·木人酉辰，土人午丑寅										出麻、出疹小心謹慎
雷公關	午	戌	子	子	戌	午	寅	寅	子	子	勿抱弄高處、玩跳
落井關	巳	子	申	戌	卯	巳	子	申	戌	卯	勿近有水之處
斷腸關	午未	午未	辰巳	辰巳	午	未	寅	寅	丑	丑	勿看殺生
取命關	申子辰	申子辰	申子辰	申子辰	亥卯未	亥卯未	亥卯未	寅午戌	寅午戌	寅午戌	勿入陰廟，勿看普渡、作法事

㈡生年支關煞

生時／年支	鬼門關	五鬼關	天狗關	短命關	湯火關	撞命關	埋兒關	夜啼關	天吊關	休庵關（和尚關）
子	酉	辰	戌	巳	午	巳	丑	未	午巳	未丑辰戌
丑	午	卯	亥	寅	未	未	卯	酉	卯子	酉卯午子
寅	未	寅	子	辰	巳	巳	申	未寅	午辰	亥巳申寅
卯	申	丑	丑	未	子	子	丑	未	午申	未丑辰戌
辰	亥	子	寅	巳	午	午	卯	酉	午巳	酉卯午子
巳	戌	亥	卯	寅	午	午	申	未寅	卯子	亥巳申寅
午	丑	戌	辰	辰	寅	丑	丑	未	午辰	未丑辰戌
未	寅	酉	巳	未	午	丑	卯	酉	午申	酉卯午子
申	卯	申	午	巳	未	午	申	未寅	午巳	亥巳申寅
酉	子	未	未	寅	寅	亥	丑	未	卯子	未丑辰戌
戌	巳	午	申	辰	午	未	卯	酉	午辰	酉卯午子
亥	辰	巳	酉	未	未	亥	申	未寅	午巳	亥巳申寅
宜忌事項	勿入陰廟，勿出遠門	勿看出山凶葬，防跌傷	注意血光、破相、驚風之災	夜啼難養	勿接近火源處	宜過房，難養，易夭折	勿看出山凶葬	注意幼兒啼哭原因，必要時送醫診治	宜重拜父母，或過房別姓	忌入和尚、尼姑庵

㈢生月令關煞

生時／月令	浴盆關	金鎖關	斷橋關	夜啼關	四季關	四柱關	將軍關	無情關	百日關
正	辰	申	寅	午	巳 丑	亥 巳	辰 戌 酉	子 酉 寅	戌 辰
二	辰	酉	卯	午	巳 丑	戌 辰	辰 戌 酉	子 酉 寅	申 寅
三	辰	戌	申	午	巳 丑	酉 卯	辰 戌 酉	子 酉 寅	午 子
四	未	亥	丑	酉	申 辰	申 寅	子 卯 未	巳 亥 戌	戌 辰
五	未	子	戌	酉	申 辰	未 丑	子 卯 未	巳 亥 戌	申 寅
六	未	丑	酉	酉	申 辰	午 子	子 卯 未	巳 亥 戌	午 子
七	戌	申	辰	子	未 亥	亥 巳	丑 寅 午	丑 申	戌 辰
八	戌	酉	巳	子	未 亥	戌 辰	丑 寅 午	丑 申	申 寅
九	戌	戌	午	子	未 亥	酉 卯	丑 寅 午	丑 申	午 子
十	丑	亥	未	卯	戌 寅	申 寅	巳 申 亥	午 子	戌 辰
十一	丑	子	亥	卯	戌 寅	未 丑	巳 申 亥	午 子	申 寅
十二	丑	丑	子	卯	戌 寅	午 子	巳 申 亥	午 子	午 子
宜忌事項	幼兒洗浴時注意小心	勿帶金銀鎖之物	勿走橋	幼兒夜哭，宜看醫就診	四季交節氣前勿出遠門，勿出入喜、喪事場所	勿太早坐欄杆竹椅	忌入武廟、將軍廟，勿玩弓箭	宜父母偏呼或重拜父母亦可	百日以內勿出大門外

	丑未	巳亥	卯酉	丑未	巳亥	卯酉	丑未	巳亥	卯酉	丑未	巳亥	卯酉	
閻王關	丑未	丑未	丑未	辰戌	辰戌	辰戌	子午	子午	子午	寅卯	寅卯	寅卯	勿看作功果、佛事，帶天月二德不忌
急腳關	亥子	亥子	亥子	卯未	卯未	卯未	寅戌	寅戌	寅戌	丑辰	丑辰	丑辰	勿看修造、動土
深水關	寅申	寅申	寅申	未	未	未	酉	酉	酉	丑	丑	丑	清明、七夕日不拜公媽與床母。出麻、疹、痘小心
水火關	未戌	未戌	未戌	丑辰	丑辰	丑辰	酉	酉	酉	丑	丑	丑	宜小心水火之災害

（筆者註：前表所列之「夜啼關」有二種取法，一則月令取之；一則生月支取之，

其中較應驗者是以生月令取之。）

以上資料是摘錄自拙著《全方位論斗數》・下冊・第二七〇至二七五頁。益群書店一九九六年十月出版。

筆者檔案資料：

姓名：姜威國　一九五八年　出生於高雄

現任：

中國民俗文化研究學會　秘書長
中國晚報風水命理專欄執筆
高雄縣勞工育樂中心　陽宅開運風水講師
高雄市星斗命理學會　理事
高雄縣救國團　紫微斗數講師
屏東市救國團　紫微斗數・風水地理講師
屏東市文化中心　紫微斗數、陽宅學講師
姜老師命理風水研究工作室(鳳山、屏東)

※服務處：

高雄縣鳳山市海光四村 860 號
TEL／FAX：〔〇七〕七〇二一一〇九七
〔〇八〕七三七一五一三二
屏東市中華路 351—15 號 4 樓
大哥大：〇九二七—〇六〇—四七二
B・B・C：〇九四八—二八二—〇九三
劃撥帳號：四一九〇八〇六一　姜威國帳戶

筆者著作一覽

1. 斗數新論闡微
2. 全方位論斗數上下冊
3. 掐指神算定乾坤
4. 斗數星曜與格局新義
5. 簡易紫微斗數精華篇
6. 新斗數葵花寶典㈠星曜易理演繹
7. 突破傳統八字命學
8. 奇門遁甲入門解析
9. 斗數宮神與實務論斷
10. 新斗數葵花寶典㈡精選古賦文闡微
11. 趣談面相識人生
12 如來佛祖的五指山——手相學
13. 現代公關相人術——面相學
14. 你就是手相學大師

15.風水入門
16.如何創造一個好的八字命格
17.利用易經陽宅玄機使你金榜題名
18.現代羅經理論解析
19.現代風水學巒頭總論上下冊
20.實用風水學理氣探討上下冊
21.實用風水學秘笈總論
22.怎樣佈置風水吉祥物

著者附言：

1.歡迎同道相互切磋、諮詢、交流意見。
2.電話詢問時間暫定早上八～十二時。
3.來函請附回郵信封，否則不予以回覆。

大展好書 好書大展